메타쉐도잉
META SHADOWING

속독은 기본, 속청, 속화를 한 번에,
진짜 영어 뇌 혁명이 시작된다!

메타쉐도잉

META SHADOWING

 속화

박세호 지음

속독

 속청

English

다산
북스

초등학교 6학년 때 익힌 책 한 권으로
미 명문대 조지아텍에서 뇌과학도가 된 이야기
(feat 빙빙 현상, 성인의 옹알이)

초등학교 마지막 겨울방학 첫날, 아버지께서 저를 부르셨습니다. 제 눈앞에는 당시 외고생들이 공부하던 영어책 한 권과 수십 권의 영어 문제집이 놓여 있었어요. 아버지께서는 둘을 비교하면서 제게 그중 어떤 것을 선택할 거냐고 물으셨습니다.

"이 어려운 책 한 권으로 평생 영어 걱정 안 하고 살래, 아니면 문제집들을 끝없이 풀면서도 영어에 주눅 들어 살래?"

저는 당연히 전자를 택했고, 그 결정이 제 인생을 놀랍게 바꿔놓았습니다.

당시 아버지는 세계 최초로 자막 MP3 플레이어를 개발하셨고,

이를 기반으로 한 영어 학습법을 연구 중이셨습니다. 초등 고학년이 되자 제 친구들은 학교가 끝나면 영어 학원으로 달려가기 바빴지만, 저는 학원 수업을 한 번도 받아본 적이 없습니다. 그래도 부모님은 전혀 성화를 부리지 않으셨는데, 다 계획이 있어서 그러셨던가 봅니다.

제가 선택한 교재는 『DUO 3.0』으로, 이 책 한 권을 안고 10일 프로젝트에 돌입했습니다. 당시만 해도 첨단 기기였던 자막 MP3 플레이어를 이용해서 하루 4시간씩 10일 만에 표제어 2600단어(파생어 8000단어)로 이루어진 560문장을 몽땅 외웠습니다. 가만히 있어도 입에서 술술 나올 정도가 됐죠. 중학생이 되고 나서는 또 한번 10일 동안 복습했습니다. 그렇게만 했는데도 '영어 잘하는 아이'로 통했고, 중학교 내내 영어 시험에서 두 문제 이상 틀려본 적이 없습니다. 『DUO 3.0』은 그렇게 제 평생의 자산이 되었습니다.

하지만 수능 공부를 본격적으로 시작하면서부터 저의 학업에 먹구름이 드리워졌습니다. EBS 교재가 수능에 연계됐는데, 한글 해석을 몇 번씩이나 읽어도 도대체 무슨 뜻인지 내용을 파악할 수가 없었습니다. 그런데도 한글 해석을 외우기만 하는 것으로 점수를 웬만큼 받을 수 있는 시험 방식이었고, 저는 그런 현실을 도저히 이해할 수 없었습니다. 그때 처음으로 공부가 싫어지는 경험을 하게 됐는데요, 그 원인이 공부 외적인 곳에 있었으니 너무나도 억울한 일이죠.

　그로부터 몇 년 후, 미국에서 유학하면서 아버지가 옳았다는 사실을 절감했습니다. 그토록 열심히 공부했던 수능 영어는 현실에서는 아무짝에도 쓸모가 없다는 사실을 확인한 겁니다. 오히려 그 겨울방학 때 공부했던 책 한 권이 저의 유학 생활을 든든하게 받쳐주었어요. 그때는 어린 마음에 아버지가 너무 강압적이라고 느껴 서운하기도 했지만, 시간이 갈수록 감사함이 커졌습니다. 원어민들과 함께 듣는 영어 수업에서는 A 학점을 받았고, 미국 정치학 수업에서는 교수님께 영어 발음과 사용하는 어휘가 고급스럽다며 칭찬도 받았습니다. 이런 일들이 이어지자 자신감을 얻어서 편입에 성공했고, 제 학습법도 확신하게 됐습니다.

　그러던 와중에 군 복무 관련해서 서류를 제출하고 심사를 받기 위해 한 학기 휴학계를 내고 귀국하게 됐습니다. 일을 다 처리하고 나니 시간이 남더군요. 이 자투리 시간을 이용해서 한층 더 수준 높은 고급 영어 구사 능력을 갖추기로 마음먹었습니다. 학년이 올라갈수록 과제 발표나 토론 등 호흡이 긴 영어에 대한 필요성이 절실했거든요. 「TED」나 토크쇼, 정치인들의 연설 등이 적절한 학습 자료가 되리라고 생각했습니다. 때마침 당시 미국 대통령이던 도널드 트럼프가 한국 국회를 방문해서 했던 연설을 유튜브로 접했는데, 내용이 정말 좋았어요. 언론의 평도 그렇고, 미국 대통령이 우리보다 한국의 근대사를 더 자세히 알고 있다는 점에 많은 한국인이 감동했던 연설이죠. 그렇다면 내가 한국의 청년으로서 트럼프의 연설을 완전히 외워 그의 말투와 호흡, 몸짓을 내 것으로 만들어 보면 어떨까 하는 생각이 들었습니다. 잘되면 유튜브에도 올려 그의 연설에 상징적으로 화답을 해봐야겠다고 마음먹고, 오랜만에 영어 훈련을 시작했습니다.

대충 보름 정도로 예정하고 매일 4시간씩 팝콘 플레이어(Popcorn Player)를 가지고 메타쉐도잉(Metashadowing)을 끝내고, 팝콘 리더(Popcorn Reader)를 이용해 속도를 점점 더 높여가며 문장들을 큰 소리로 따라 읽기를 계속했습니다. 행군하듯 맹렬하게 훈련을 계속해 10일째가 되던 날, 제 평생 잊지 못할 경험과 마주했습니다.

그날은 휴일 아침이라 늘 하듯이 집 앞 창곡천 둔치에서 윈드 워킹(Wind Walking, 스틱을 짚고 빠르게 걷기)을 하고 있었는데 갑자기 머릿속이 복잡해지는 겁니다. 다른 생각은 전혀 할 수 없고, 뭐라도 중얼거리고 싶은 욕구가 너무 커 속이 답답해졌습니다. 저조차도 이해할 수 없는 뜬금없는 기분 때문에 한동안 어찌할 바를 모르다가, '에이, 그래. 너 하고 싶은 대로 한번 해봐라' 하고 저항을 포기했어요. 그 순간 마법처럼 입에서 트럼프의 연설이 쏟아져 나왔습니다. 나는 그저 가만히 있는데 입이 저절로 움직이듯 연설을 단숨에 끝까지 마친 거예요! 영어로 말을 하지 않곤 못 견디는 상태, 머릿속에서 작문하지 않고도 입이 알아서 문장들을 내뱉는 상태에 도달한 겁니다.

그 순간에는 미친 듯 영어로 지껄이고 있는 나와 그걸 보고 놀라는 나, 이렇게 두 사람의 내가 있었습니다. 그 상황이 얼마나 충격적이었던지 당장 집으로 달려가 아버지께 이야기했습니다. 그랬더니 아버지께서는 쿨하게 한마디 하시더군요.

"그거 빙빙 현상이야. 너도 이제 겪는구나!"

며칠 후 저는 한 스튜디오에 가서 혼자 허공을 보며 능숙하게 트럼프 연설을 재연했습니다. 난생처음 해보는 촬영이었지만 NG 한 번 없고 중간에 쉰 적도 없이, 촬영 전 5분 정도 연습해보고 바로 시작하여 성공적으로 촬영을 마쳤습니다. 놀라운 것은 일단 시작하자 입이 저절로 움직여 다음 말이 수다 떨듯 자연스럽게 나왔다는 사실입니다. 머리는 없고 입만 있는 느낌이랄까요. 그렇게 정신없이 지나고 보니 다 끝났더군요. 그 영상을 무편집 상태 그대로 유튜브에 올렸습니다. 이것이 제가 실제로 겪어본, 이른바 영어 득도(得道)의 경지라는 빙빙 현상입니다.

그러고 나자 새로운 질문이 머릿속을 채웠습니다. '어떻게'라는 질문은 직접 체험함으로써 답을 찾았지만 '왜 그렇게 되느냐'가 궁금해진 거예요. 그래서 미국으로 돌아간 이후에는 이와 관련된 뇌과학 서적들을 열심히 읽으며 학기를 보냈습니다. 전공을 신경과학으로 바꿔 스타니슬라스 드앤(Stanislas Dehaene) 교수님의 명저 『글 읽는 뇌』, 제리 올트먼(Gerry T. M. Altman) 교수님의 『말하는 뇌』, 시노하라 요시토시(篠原佳年) 박사님의 『청각뇌』, 고도홍 교수님의 『언어기관의 해부와 생리』 같은 기본서부터 뇌의 발전 가능성을 규명한 승현준(세바스찬 승) 교수님의 『커넥톰』과 그의 「TED」 강의를 공부하게 된 것도 그즈음이었습니다. 만일 제가 그런 현상을 겪지 않았다면 얼핏 딱딱하고 불친절해 보이는 그 책들을 소설 읽듯이 호기심에 가득 차 탐독하지는 못했을 겁니다. 도대체 왜 이런 현상이 일어나며, 나한테만 일어나는지 누구나 겪을 수 있는 일인지, 또 재현 가능한지 등 궁금증이 넘치는 상태로 책을 읽어가다가 드앤 교수님의 책에서 한 가지 실마리를 찾아냈습니다.

글로 이루어진 문장은 원래 발음을 표기하기 위한 기호로 출발한 것이므로, 그 안에는 반드시 원어민의 발음이 들어 있다는 사실을 발견한 겁니다. 정신이 번쩍 드는 느낌이었죠. 즉 진화의 과정에서 인간의 입과 귀가 점점 더 많은 정보를 주고받을 필요가 생기자 할 수 없이 눈을 설득하여 문자를 발명하게 된 겁니다. 이후 문명이 급격히 발전했으며, 인간의 역사는 문자 발명 이전과 이후로 구분되죠. 따라서 인간의 언어 학습에서 (유아를 제외하고) 문자와 소리는 결코 따로 떨어져 학습하게 되어 있지 않으며, 영어의 소리는 강세와 연결음을 주제로 문장 단위로 발음되고 들리게 된다는 사실을 알게 됐습니다. 원어민의 발음으로 글을 읽는 사람의 뇌에서는 자기도 모르게 리듬, 억양, 강세, 연음 등이 한 번에 듣고 말하듯 재생되고 있는 거죠. 마치 기악 전공자가 악보를 보면 웅장한 심포니를 상상할 수 있는 것처럼 말입니다.

이런 사실을 이해하고 나니 이전에는 어렵다고 느꼈던 책들도 쉽게 이해됐고, 행간의 의미까지 눈에 들어왔습니다. 그리고 문자와 소리의 관계를 정확히 알게 되자 눈, 귀, 입을 동시에 활용하는 제 학습법이 새삼 다시 보이더군요. 특히 개별 단어와 달리 문장을 구성하는 단어에는 각각의 강세와 연음이 있고, 이것들이 모여 리듬과 호흡을 구성하며, 문장을 읽을 때는 뇌에서 그 소리가 그대로 재생된다는 사실을 알고 난 뒤에는 문장 단위 학습이 꼭 필요하다는 걸 깨닫게 됐습니다.

원어민은 유아 시절부터 엄마의 말을 듣고 자기 혼자 연습해보는 옹알이를 거쳐 모국어를 습득하지만, 외국인이 이 긴 시간을 어떻게 뛰어넘을 수 있을까에 대한 의문도 함께 풀렸습니다. 빙빙 현상의 체험과 뇌의 언어 습득 과정에 대한 이해가 합쳐졌기 때문입니다. 빙빙 현상은 문자와 소리가 합쳐진 자극이 일정한 강도 이상으로 뇌에 도달한 뒤 원어민 발음을 빠르게 발화하는 과정에서 일종의 티핑 포인트에 도달하면, 귀와 입을 관장하는 두 언어 중추가 극도로 흥분하여 나타나는 것으로 추측합니다. 이런 현상에 대해서는 아직 기존 논문에서는 읽어본 바가 없어서 좀더 찾아봐야겠지만, 그것을 뇌과학적으로 규명할 책임은 일단 전공자이자 경험자인 저에게 지워졌다고 생각하고 있습니다.

이것을 유아의 옹알이(원어민의 언어 습득 과정)에 대비하여 '성인의 옹알이(비원어민의 언어 습득 과정)'라고 부르겠습니다. 원어민이 아닌 사람이 외국어에 접근할 때는 소리와 함께 문자가 큰 역할을 하므로, 문자를 익힌 사람들의 학습법은 유아기의 옹알이부터 시작하는 원어민과 달라야 한다는 확신에서 제가 처음 만든 용어입니다. 그리고 여기에 완전학습의 개념을 가진 메타인지(meta cognition)를 더해 상위 개념으로 메타쉐도잉 학습이라는 용어를 만들었습니다. 성인의 옹알이는 유아의 옹알이를 모방한 기존 쉐도잉(shadowing)과는 차원이 다른 학습법으로, 원어민만큼 오랜 시간을 거치지 않고 외국어를 습득하는 방법입니다. 즉 메타쉐도잉은 메타인지와 쉐도잉이 결합한 용어로, 원어민의 발음을 제대로 들었는지 확실히 인지하고 내가 들은 대로 정확히 발음하는지 아는 상태에서 쉐도잉을 수행하는 학습법입니다.

이렇게 어느 정도 개략적인 틀을 잡았을 무렵, 마침 출판사에서 반가운 소식이 들려왔습니다. 제 초고를 좋게 봐주신 출판사에서 전격적으로 출판을 결정한 거예요. 저는 서둘러 기존의 연구 내용과 체험기 등을 정리하여 집필을 시작했습니다.

이 책을 출판하기까지 어떤 일들이 있었는지를 두서없이 적어봤습니다. 짧은 저의 인생을 되돌아보니, 저에게 일어난 일들이 우연이 아닐 수도 있겠다는 생각이 듭니다. 그리고 어쩌면 제가 앞으로 하게 될 일이 인류 발전에 조금이나마 기여할지도 모른다는 생각에 저도 모르게 가슴이 뜁니다. 그 한 걸음을 이 책으로 뗄 수 있어서 매우 영광스럽고 감사하게 생각합니다.

책의 본문에는 저의 경험과 그간의 노력이 농축되어 있습니다. 되도록 쉽게 읽히고 잘 이해되게 하려고 신경을 많이 썼지만, 표현력이 부족한 점은 널리 양해해주시기 바랍니다.

이 책에서는 모국어를 완벽히 구사하는 성인이 외국어를 새로 습득할 때는 반드시 자막을 활용해야만 하는 이유, 문장 단위로 전체를 단숨에 여러 번 학습해야 하는 이유, 외국어 문장을 습득하는 올바른 방법, 발음이 중요한 이유, 학습의 속도와 발음의 속도가 모두 중요한 이유 등 지금껏 어디에서도 접하지 못했을 완전히 새로운 패러다임을 제시합니다. 이 패러다임과 저의 경험을 토대로 완벽하게 정립한 실전편의 가이드라인과 앱을 잘 활용해서 부디 이 책을 손에 든 모든 분이 최단기간에 영어가 입에서 저절로 튀어나오는 현상을 경험하길 진심으로 바랍니다. 그 현상을 겪고 나면 당신의 영어는 완전히 달라질 것입니다. 그때부터 들리고, 읽고, 말하는 모든 영어 하나하나가 당신만의 살아 있는 영어 교재가 될 테니까요.

앞으로 저는 예전부터 계획했던 일들을 좀더 진전시켜볼까 합니다. 그중 하나가 요즘 많은 학생이 앓고 있는 후천성 독서 장애를 해결하는 것인데요. 디지털 기기를 일상적으로 접하다 보니 시각이 위아래로 쏠려 전통적인 매체인 종이책을 제대로 읽지 못하는 걸 말합니다. 저는 빙빙 현상을 경험하고 이 책을 쓰는 과정에서 이 문제를 해결할 방법을 발견했습니다. 그 기능을 기존 전자책(e-book)의 표준 뷰어에 탑재하여 효과를 테스트해봤고, 만족할 만한 결과를 얻었습니다. 많은 학생이 후천성 독서 장애를 극복했고, 성적이 크게 오른 학생도 많았어요. 그래서 이 책과 테스트 데이터를 미국으로 가져가서 미국 교육부를 비롯해 국무성 산하 재외 미국인에게 외국어를 가르치는 여러 관련 기관과 의논하여 연구를 계속할 계획입니다. 교수님과 함께 연구하면서 국가 과제로 지정받아 국비 지원을 받게 될 수도 있고요.

나아가 팝콘 리더를 미국 교과서 e-book 판의 공식 표준 뷰어로 채택하는 일도 추진하고자 합니다. 팝콘 리더를 활용하면 교과서의 다양한 주석을 해당 키워드에 숨겨놓았다가 텍스트가 플레이 되면서 주석들이 차례로 튀어나오게 할 수 있는데요. 이런 교과서라면 학생들이 더 재미있고 즐겁게 공부하지 않을까요? 한국을 떠나 미국이라는 좀더 넓은 세상에서 한국 기술을 펼쳐보려고 합니다. 많이 응원해주세요.

영어로 고통받는 모든 분이 저의 책으로 조금이나마 힘을 얻고, 더 나아가서는 영어를 자유롭게 구사하면서 세계를 무대로 더 큰 활약을 펼칠 수 있기를 진심으로 바랍니다.

감사합니다.

2021년 초여름

박세호

Through this entire visit, it has been both our pleasure and our honor to create and celebrate a long friendship between the United States and the Republic of

트럼프 연설 재연, 2019년 10월
https://www.youtube.com/watch?v=buP33n-RLmI

3장 진정한 영어 뇌혁명, 메타쉐도잉의 뇌과학

4장 광속 영어 엔진, $E = AC^2$

5장 진짜 영어 훈련의 11계명

6장 실전편

삼수생의 인생을 바꾼
기적의 영어 학습법

METASHADOWING

10일 만에
영어책 한 권을 끝내라니!

6학년을 끝내기 전 마지막 겨울방학 때, 식탁에 쌓여 있는 영어 문제집 한 무더기와 그 옆에 나란히 놓인 영어책 한 권 중 어떤 것을 선택할 거냐는 아버지의 질문에 영어책 한 권을 택했습니다. 제목이 『DUO 3.0』으로, 일본에서 가장 많이 팔린 영어책이라고 들었습니다. 총 560문장의 예문을 중심으로 단어, 숙어, 동의어, 파생어, 유의어, 반의어 등을 설명해놓은 책입니다.

아버지께선 10일 만에 끝내라고 하시면서 제게 책을 건네주셨습니다. 얼떨결에 책을 받아 들고 쭉 한번 훑어봤는데, 눈앞이 캄캄했습니다. 영어 공부라는 걸 처음 해보는 셈인데 너무 어려운 교재를 만난 거지요. 지금 되짚어봐도 초등학생이 공부하기에는 상당히 버거운 책이라는 생각이 듭니다. 그도 그럴 것이 한국어 해석 자체도 어려웠으니까요. 예컨대 맨 처음 등장하는 예문이 이것입니다.

We must respect the will of the individual.

'우리는 개인의 의지를 존중해야 한다'라는 뜻이죠. 지금에야 이 문장의 참된 의미가 무엇인지를 이해할 수 있지만, 열세 살 철부지였던 저에겐 아무 감흥을 일으키지 못하는 건조한 문장일 뿐이었습니다. 이처럼 한글 해석조차 제대로 이해하기 어려운 영어책을 10일 만에 끝내라니 막막하기 이를 데 없었습니다. 하지만 자막 MP3 플레이어를 들고, 아버지께서 알려주신 공부법대로 해보기로 했습니다.

○ ○ ○ ○ ○
최대한 빠르게, 전체를 반복하라

1. 자막 화면을 보면서 듣고, 멈추고 따라 한다.

2. 따라 하는 도중에 자신이 말하는 것을 들으면서 원어민 소리와 비교해본다.

3. 구간 반복 기능을 두세 번 이용해 똑같이 따라 한 뒤, 다음 문장으로 넘어 간다.

4. 하루에 3시간 반에서 4시간 동안 최대한 빨리, 최대한 많이 본다.

요약하자면 이렇습니다.

> 최고 속도로 문장을 단번에 끝까지 듣고 따라 하되,
> 교재 전체를 통으로 반복한다.

처음엔 화면을 보면서 듣고, 멈추고 따라 하는 것이 너무 힘들었습니다. 들려오는 원어민의 발음은 완벽한데 내 발음이 못 따라가고 뭉개지니까 재미도 없고요. 진도는 나가야 하는데 속도가 나질 않으니 답답하기도 했습니다. 한참을 그렇게 헤매다가 이 자리에서 실력을 쌓아 차근차근 올라가자고 마음을 다잡았습니다. 원어민과 입을 맞춰서 동시에 따라 하는 방식으로 한 문장을 수십 번씩 반복하니 그제야 재미가 붙더군요. 내 발음도 많이 좋아졌다는 생각에 우쭐했는데, 사실 이것은 착각에 불과했습니다.

가장 큰 문제는 몇 개의 문장을 주먹구구식으로 쉐도잉하다 보니 시간이 너무 오래 걸린다는 것이었어요. 이러다간 다 못 끝내서 아버지께 혼날 것 같다는 생각에 몇 번 들어보고 자막을 보면서 그냥

따라 했습니다. 발음을 모르는 단어가 훨씬 많았지만, 음성이 들려주는 대로 자막과 발음을 대응해가면서 따라 한 거예요. 그러다 보니 같은 단어라도 그 단어만 따로 발음할 때와 문장 안에서 발음할 때 차이가 있다는 걸 알게 됐습니다. 단어 하나만 들려줄 때는 또박또박 발음하지만, 문장 안에서는 전혀 다른 발음이 되는 거였어요.

○ ○ ○ ○ ○

어느 순간 영어 문장이 입에서 자동으로 튀어나오다

발음도 힘든 단어와 연관 단어들의 연음 구조를 이해하고 받아들이기란 사실 쉬운 일이 아닙니다. 첫날은 맨 앞의 10문장에서 시행착오를 겪고 아버지의 매서운 질책을 들어야 했습니다. 마음이 급해진 저는 그저 MP3에서 들려주는 발음과 자막에만 집중했습니다. 생전 접해본 적도 없는 단어들을 원어민과 똑같은 발음과 속도로 따라 하려니 20문장이 넘어가면서부터는 혀가 저리고, 턱까지 아파졌습니다. 그래서 문장을 통으로 발음하기 전에 들려주는 단어들만이라도 몇 번씩 반복해서 따라 했어요. 그리고 나니 30문장쯤 돼서는 단어의 알파벳을 보고 발음을 들으면 어느 정도는 바로 따라 할 수 있겠더군요.

그처럼 단어의 발음을 몇 번씩 반복해 숙지했더니 통문장도 그

럭저럭 따라 할 수 있게 됐습니다. 물론 문장 발음을 들으면서 동시에 완벽하게 따라 하진 못했지만, 문장 발음을 듣고 그 자막을 보면서 더듬더듬 말은 할 수 있게 됐습니다. 그렇게 문장 하나마다 네다섯 번을 반복하다 보니 560문장 중에서 하루에 180문장 정도를 쉐도잉하면서 진도를 나갈 수 있게 됐습니다.

그렇게 하는 도중에 나도 모르게 어떤 문장은 내뱉듯이 자동으로 튀어나오는 경우가 있어서 저도 깜짝 놀랐습니다. 하루에 4시간씩 자막을 보면서 귀로 듣고, 자막을 보면서 발음하고, 다시 원어민 소리를 들으면서 내 목소리와 비교한다고 상상해보세요. 어떤 학습이건 같은 걸 빠르게 반복하다 보면 잔상이 남잖아요. 그래서 문장이 입에서 저절로 튀어나오곤 했습니다. 우리가 한국말을 할 때 깊이 생각하지 않고 말하는 것처럼요.

단지 이 정도만을 했을 뿐인데, 중학교 때까지만 해도 따로 과외를 받거나 학원을 다니지 않아도 영어에서만큼은 전교에서 세 손가락 안에 들었습니다. 영어 시험 성적은 언제나 95점 이상이었고, 자신감이 있기에 수업 시간도 재미있었어요. 제가 받은 최고 성적은 국가 수준 학업성취도 평가에서 종합 전교 8등을 한 것입니다. 영어 문제가 어렵게 나와서 평균이 많이 낮아졌지만, 당시 다니던 학교에서 제가 최고 득점을 기록했죠. 이때가 공부에 자신감이 가장 충만했던 시기였던 것 같습니다.

전교에서 날리던 중학생이
삼수생의 나락으로

○ ○ ○ ○ ○

곤두박질치는 내신 성적

성적이 좋았으니 제가 원하는 대학에 충분히 합격할 수 있으리라 자신했습니다. 하지만 기대와 달리 현실은 녹록지 않았어요. 고등학교에 진학한 후, 학교생활은 재밌었지만 성적은 썩 좋게 나오지 않았습니다. 시간이 갈수록 자신감이 좌절감으로 바뀌어갔어요. 교과서만 완벽하게 공부하면 만점을 받을 수 있었던 중학교 때와 달리, 매 시험이 고통의 연속이었습니다.

시련은 고등학교 입학 후 처음 치른 3월 학력평가 때 찾아왔습니다. 성적표를 받아 들고는 지금까지 제가 공부해온 것들과 현행대학 입시제도 사이에 큰 괴리가 있다는 것을 알게 됐습니다. 너무나 혼란스러웠지만, 이대로 주저앉을 수는 없었어요. 대학에는 가야 하는데 지금 상태라면 그럴 수 없다는 것이 불 보듯 뻔했거든요. 고민 끝에 지금까지의 공부 방법을 버리고 수능 준비에만 집중한다면 이전의 성적으로 돌아갈 수 있으리라고 결론을 내렸습니다.

하지만 방법을 바꿔봐도 성적은 생각만큼 오르지 않았고, 낙심한 나머지 저는 학습법을 탓했습니다. 그렇게 자기변명과 낙담을 오가는 동안에도 모의고사를 볼 때마다 영어 과목의 등급은 하나씩 내려가기만 했어요. 그럴수록 기존에 아버지께서 가르쳐주셨던 영어 학습법을 강하게 부정하면서 수능 문제만 닥치는 대로 풀었습니다. 그러다 보니 다른 과목에 집중할 수가 없었고, 그에 따라 내신도 점차 내리막을 걸었습니다.

○ ○ ○ ○ ○

낙방 그리고 또 낙방

그렇게 고등학생 시절을 보내고 수능 시험을 봤지만, 모의고사 때보다 성적을 끌어올리진 못했고 결국 재수를 하게 됐습니다. 사람마다 잘하는 게 하나씩은 있기 마련이잖아요? 그것이 저한테는 영어였습니다. 제 자신감의 원천이자 늘 든든하게 저를 지켜준 '믿는 구석'이었죠. 하지만 첫 번째 수능 실패와 함께 그 모든 것이 와르르 무너지고 말았습니다.

치열한 재수 생활 1년을 보내고 또 수능을 봤지만, 역시나 점수는 오르지 않았습니다. 이듬해에 삼수를 택했지만 결과는 마찬가지였습니다. 2년의 재수 기간은 제 평생 처음 접해본 힘든 나날이었습니다. 부모님께 면목이 없는 것은 물론이고, 열심히 하는데도 성적이 오르지 않아 미칠 것 같았고 저 자신이 실망스러웠어요. 당시에는 정말 안 해본 것이 없다시피 했습니다. 재수 종합학원, 독학 재수 기숙학원, 독학 재수 통학학원 같은 기관에서 공부한 것은 물론이고, 독서실에 틀어박혀 유명한 인강 강사의 1년 커리큘럼을 따라가 보기도 했습니다. 하지만 어떤 것도 저에게 해법이 되어주지 못했습니다. 이 롤러코스터에서 언제쯤 벗어날 수 있을지 암담하기만 했고, 모든 것이 부정적으로만 보였습니다.

내가 가진 최강의 무기,
영어

○ ○ ○ ○ ○
헛공부가 아니었음을 증명하고 싶어

그 시절 생애 처음으로 절망, 포기, 허무라는 감정을 절실히 느껴봤습니다. 마지막 수능 결과를 접한 뒤 1월의 어느 날, 할 수 있는 게 걷는 것밖에는 없었던 저는 하염없이 걷다가 미사리 한강공원에 이르렀습니다. 중학교 때까지만 해도 우등생이었던 내가 어쩌다가 이 지경이 되었나 곰곰이 되짚어봤습니다. 그러다가 문득 이런 생각이 들었어요.

'잠깐, 우리나라는 물론이고 일본과 대만에서도 밀리언 셀러를 찍은 교재를 단기간에 나만큼 씹어 먹은 사람이 없잖아! 그런데 내가 왜 이러고 있는 거지?'

출발점은 고교 진학 직후 내 학습법을 버린 것이라는 사실이 퍼뜩 떠올랐습니다. 이런 생각을 해본 건 그때가 처음이었고, 몇백만 부가 팔린 책이라면 분명 이유가 있으리라는 생각도 처음으로 진지하게 해봤습니다. 내가 한 공부가 헛것이 아니었음을 저의 짧은 인생을 걸고라도 증명하고 싶었습니다. 그래야 제 자존심도 회복할 수 있을 테니까요.

어떻게 증명해야 할까…. 한강에서 불어오는 겨울바람을 맞으며 깊고도 깊은 생각에 잠겼습니다. 내가 공부한 영어가 실제로 통한다는 걸 보여주려면 본고장 미국에서 검증해보는 수밖에 없다는 생각이 들었습니다. 그래, 미국 명문 대학에 진학하는 것을 목표로 하자!

하지만 모든 일이 그렇듯, 마음을 먹는다고 해서 뒷일이 술술 풀리는 건 아니었습니다. 등록금이 비싸다는 것도 장애물이었지만, 그보다 더 높은 장벽은 몇 차례의 입시 실패로 제 자신감이 바닥을 쳤다는 것이었습니다. 게다가 유학과 관련해서 어떤 정보도, 실력도, 인맥도 없었어요. '뭘 믿고 미국 명문대를 꿈꾸냐?' 하는 마음의 소리가 들렸지만, 애써 가라앉히고 집으로 향했습니다.

집에 돌아오자마자 인터넷 검색을 시작했습니다. 제가 최종적으로 목표로 하는 대학은 조지아공과대학(Georgia Institute of Technology), 즉 조지아텍이었습니다. 며칠 동안 집중해서 검색한 결과 한 주립대학에서 조지아텍으로 편입할 수 있는 정식 루트가 있다는 걸 알아냈고, 주립대 입학을 준비하는 데 도움을 줄 유학원도 찾아냈습니다.

이제 부모님을 설득할 차례입니다. '이러이러한 방식으로 조지아텍에 편입할 수 있는 주립대학교가 있습니다. 이번에 딱 한 번만 더 도와주세요'라는 취지로 말씀드렸습니다. 당시의 집안 사정으로는 절대로 유학을 생각할 수 없는 형편이었음을 후에 알았지만, 부모님께서는 "네가 유학 가서 살아남을 수 있다는 것을 증명한다면 생각해보겠다"라며 답을 보류하셨습니다.

저의 오만함을 깨닫는 순간이었습니다. 사실 저는 유학 가서 살아남을지 어떨지 같은 문제는 생각도 해보지 않았습니다. 부모님이 지원해주시리라는 전제하에 제 방법이 틀리지 않았음을 증명하는 데에만 몰두했었죠. 생각해보면, 고려해야 할 게 한두 가지가 아닙니다. 당장 가서 생활은 어떻게 할지, 어떤 분야를 전공할지 계획이 서 있어야 했죠. 너무나 단순하게만 생각한 저 자신이 너무나 부끄러웠습니다.

진로를 조금 더 구체적으로 고민하면서 일주일 동안 걷고 또 걸었습니다. 그러다 문득 내가 활용할 수 있는 것을 떠올렸고, 이를 활용해서 단기간에 무에서 유를 창조할 수 있다면 답이 나오지 않을까 하는 힌트를 얻었습니다. 바로 이것입니다.

'영어 실력을 단기간에 끌어올린 방법이라면 중국어도 그럴 수 있지 않을까?'

○ ○ ○ ○ ○
신HSK 5급에 도전하다

많고 많은 언어 중 중국어를 선택한 결정적인 이유는 아버지에 이어서 할아버지와 어머니도 신HSK 5급을 취득하셨기 때문입니다. 그것도 독학으로 말이죠. 특히 아버지와 할아버지는 중국어 교사 자격증까지 갖고 계십니다. 세 분 모두 중국어를 한 번도 접해보지 못한 상태에서 시험 접수를 한 뒤 제가 공부한 영어 학습법과 같은 방법으로 3개월 만에 5급을 취득하셨습니다. '할아버지랑 엄마도 하셨는데 나라고 못 하랴' 하는, 약간은 건방진 생각으로 저도 이 시험에 도전하기로 했습니다.

그렇게 전략을 짠 다음, 아버지께 신HSK 5급을 아버지가 합격하신 방법으로 공부해서 취득할 테니 유학원에 보내달라고 간청했습니다. 5급을 못 따면 유학원을 그만두고 유학의 꿈도 접는다는 조건으로요. 아버지께서는 "한 달 안에 딴다면 인정해주겠다"라고 하셨습니다. 한 달이라…. 막막하긴 했지만, 예전 경험을 떠올리면 완전히 불가능한 일도 아니라는 생각이 들었습니다. 게다가 저로서는 이러니저러니 토를 달 입장도 못 됐죠. 한 달 동안 다른 건 다 제쳐두고 이 일에만 매달리기로 마음먹었습니다.

유학원 다니면서 이제야 본격적으로 내가 원하는 공부를 할 수 있다는 생각에 마음이 들떴습니다. 못난 아들을 다시 한번 믿어주신 것에 보답하기 위해서라도 이번이 마지막이라는 생각을 깊게 다졌습니다. 그리고 주립대 입학을 위해 제때 출국하려면 이번 시험에서 꼭 합격해야만 했습니다. 다음 시험은 성적 발표 날짜가 예정된 출국일 이후였으니 아버지께서 한 달로 제한하지 않으셨어도 기회는 이번밖에 없었던 거죠.

영어도 아니고 생소한 언어를, 중국어 학과 졸업생조차 쉽게 따지 못하는 신HSK 5급을, 그것도 한 달 만에 따야 한다니 절로 한숨이 나왔던 게 사실입니다. 신HSK 5급의 수준은 중국어 매체를 무리 없이 이해할 수 있으며 비교적 완전한 연설을 할 수 있는 정도라고 하죠. 통상 400시간 정도의 학습 시간과 2,500단어 이상을 마스터한 수준이라고 할 수 있습니다. 당시 제가 읽을 수 있는 한자라곤 중·고등학교 한문 시간에 배운 것 정도가 전부였고, 쓸 수 있는 한자는 기껏해야 제 이름 석 자 정도였습니다. 이 엄청난 차이에 입이 떡 벌어질 정도였지만, 오로지 유학을 가겠다는 일념으로 도전한 겁니다.

중국어에도 먹히는 메타쉐도잉

낮에는 유학원에서 공부하고 저녁엔 중국어 공부를 병행했습니다. 『DUO 3.0』으로 영어 실력을 키우던 때처럼 중국어 교재 전체를 짧은 시간에 수없이 반복함으로써 문장들에 익숙해지는 것이 첫 번째 과제였습니다. 하루에 4시간씩 전체를 통으로 발음하고 듣고 읽는 과정을 반복하다 보니, 그 많은 중국어 문장이 어느샌가 한꺼번에 머릿속에 때려 박히는 듯한 기분이 들었습니다. 마치 머릿속에서 중국어 폭풍이 휘몰아치는 느낌이랄까요.

하지만 여전히 시험을 치기에는 턱없이 부족한 실력이었고 안심할 수 없는 상황이었습니다. 아직 실전 문제를 풀어보지도 않았고, 시험은 겨우 10일 정도밖에 남지 않았거든요. 점점 심장이 쫄깃쫄깃해지고 오줌이 마려울 정도로 예민해져 갔습니다.

신HSK 5급은 300점 만점에 180점만 넘기면 급수 취득이 인정됩니다. 듣기·독해·쓰기 세 영역으로 구분되어 있고, 각각이 100점입니다. 각 영역에서 60점 이상만 받으면 합격이라는 얘기죠. 시험일을 앞둔 시점에서 각각의 최소 점수에 도달하기 위한 계획을 세우고 실전 모의고사를 중심으로 전력 질주를 시작했습니다.

둘째 날의 결과는 듣기 18개와 독해 19개를 맞혀서 전날과 달라진 게 없었습니다. 셋째 날에는 약간 희망이 보였고, 그렇게 다섯째 날까지 모의고사를 풀어재끼면서 시험 감각을 익혔습니다. 풀 수 있는 모든 모의고사 문제와 기출 문제를 푼 다음에는, MP3를 활용해 기출 듣기로 넘어갔습니다. 각 문항을 자막 보면서 듣고 따라 하기를 거듭한 끝에, 시험 전날에는 거의 입으로 술술 나올 정도가 됐습니다.

대망의 시험날. 3월의 끝자락을 놓지 않으려는 듯 조금 쌀쌀했던 것으로 기억합니다. 마지막으로 그동안 공부한 모의고사들을 빠르게 훑고, 마인드 컨트롤을 했습니다. 내가 할 수 있는 건 다 했고 후회는 없다며, 아는 문제만큼은 틀리지 말자고 마음을 굳게 먹었습니다.

시험은 다행히 크게 어렵지 않았습니다. 독해에서 시간이 좀 모자라긴 했는데, 잘하면 통과할 것 같다는 기대를 가져볼 만했습니다. 시험을 준비할 때의 중압감에서 조금씩 벗어나니 살 것 같았어요.

평소처럼 유학원 공부와 중국어 공부를 병행하던 4월 말의 어느 날, HSK 홈페이지에 들어가 봤습니다. 이전 결과가 어떨지 몰라서 다음 시험을 접수해놓은 터라 고사장을 확인하기 위해서였어요. 그런데 3월 성적 조회 공지가 올라와 있더군요. 떨리는 마음으로 수험번호를 입력했습니다. 영원처럼만 느껴지던 그 찰나의 순간, 눈이 저절로 찔끔 감기더군요. 실눈을 뜨고 모니터를 보니 '189'라는 숫자가 보였습니다.

180점이 커트라인이니 9점 차이로 합격한 거예요. 난생처음으로 주체할 수 없는 감정이 끓어올랐습니다. 중학교 이후 처음으로 느껴본 노력에 대한 보상, 학습법에 대한 확신, 스스로에 대한 자신감, 유학을 갈 수 있다는 안도감, 부모님에 대한 감사함 등 복잡한 감정이 한 번에 밀려들었습니다.

약속했던 대로 아버지께서는 유학을 허락해주셨고, 자신감을 회복한 저는 여유롭게 유학 준비를 마칠 수 있었습니다. 그리고 저의 첫 대학인 밸도스타 주립대학교(Valdosta State University)를 향해 비행기에 올랐습니다.

孔子学院总部/国家汉办
Confucius Institute Headquarters(Hanban)

汉 语 水 平 考 试
Chinese Proficiency Test

HSK（五级）成绩报告

HSK(Level 5)Examination Score Report

姓名：　　　　朴世鎬　PARK SE HO
Name

性别：　男　　国籍：　　韩国
Gender　　　Nationality

考试时间：　　2015　年　03　月　28　日
Examination Date　　　Year　　Month　　Day

编号：　　　　H51503011514
No.

准考证号：　　H51503815030050742
Admission Ticket Number

	满分 Full Score	你的分数 Your Score
听力 Listening	100	73
阅读 Reading	100	55
书写 Writing	100	61
总分 Total Score	300	189

听力 Listening	阅读 Reading	书写 Writing	总分 Total Score	百分等级 Percentile Rank
100	99	90	284	99%
95	89	80	258	90%
89	82	75	241	80%
84	76	71	227	70%
80	71	67	214	60%
76	64	64	202	50%
71	59	60	190	40%
66	53	56	177	30%
60	47	51	163	20%
51	40	43	142	10%

主任　　　　　　　　　　国家汉办
Director　　　　　　　　　Hanban
　　　　　　　　　　　　　HANBAN

中国 · 北京
Beijing · China

신HSK 5급 성적증명서

평균 8주 만에 중국어 신HSK 5급 시험에 합격한
4인방의 기념사진

제가 출국하기 단 이틀 전, 저의 할아버지를 인터뷰했던 기자가 혹시 모르니까 신
HSK 5급 합격자 가족사진을 남겨두자고 해서 급하게 모인 4인의 처음이자 마지막
기념사진입니다. 동생이 빠져서 섭섭했는데 웬걸 나중에 교과서 통암기 때 출연합
니다.

중국어 급수 시험과 관련하여 저희 가족사진 이야기를 좀 해야겠습니다. 제가 미국 유학을 떠날 즈음에 할아버지께서는 뒤늦게 지병인 암이 재발했다는 사실을 아시고는 유학을 반대하셨습니다. 물론 저는 너무나 가고 싶었지만, 할아버지의 여생이 얼마 남지 않았으니 곁에서 지켜봐야 한다는 생각에 망설여지기도 했죠. 다행히도 부모님의 강력한 지원으로 강행하기로 결정이 났습니다.

참으로 아이러니한 것은 지금부터 약 60년 전 할아버지께도 대학생 시절에 비슷한 일이 벌어졌다는 사실입니다. 할아버지의 아버지, 곧 저의 증조할아버지께서 할아버지의 미국 유학을 반대하셔서 뜻을 꺾으셨다는 겁니다. 그때 미국으로 떠났어야 한다고 원통해한 사람은 당시 태어나지도 않았던 제 아버지이십니다. 정작 할아버지는 덤덤하셨는데 말입니다.

그런 할아버지가 수십 년 후 똑같은 상황에 처하자 이번에는 손자의 유학을 반대하고 나섰던 겁니다. 역사는 이렇게 반복되고 매번 인간이 쉽게 결정하지 못할 문제들을 내곤 합니다. 참으로 얄궂은 일인데 하마터면 또 한 번의 좌절로 끝날 뻔한 아찔한 순간이었습니다.

그러나 이번에는 떠나는 사람도 결정하는 사람도 그때와는 달라서였을까요? 역사는 역시 인간의 선택과 행동의 결과이기도 한 것일까요?

한국을 떠나기 이틀 전 저녁 무렵이었습니다. 중국어 신HSK 5급 합격증을 들고 사무실로 오라는 아버지의 호출을 받았어요. 도착해보니 늦은 밤인데 할아버지께서 양복을 입고 와 계시더군요. 아버지와 할아버지는 두 분 모두 합격증과 중국어 교사 자격증을 나란히 들고 계셨습니다. 어머니는 미처 합격증을 준비하지 못해 몸만 오셨고요.

대충 포즈를 잡고 사무실 직원분이 휴대전화로 허둥지둥 찍어둔 것이 바로 앞에서 보여드린 사진입니다. 촌스러운 모습의 어린 제가 있고, 할아버지는 병색이 역력한데도 웃는 모습이 멋지십니다. 약간 피곤한 표정의 아버지와 어색하게 미소 짓는 어머니도 보이는군요. 어머니는 다 잘 나왔는데 자기만 이상하게 나왔다면서 제발 자기만 빼고 책에 실으면 안 되겠냐고 지금도 성화십니다. 그래도 어쩝니까. 세계 최초로 학원 안 다니고 독학으로 평균 8주 만에 중국어 신HSK 5급 시험에 합격한 4명의 가족사진인걸요.

당시 할아버지는 79세로 그야말로 80 노인이었고, 이 사진을 찍고 약 7개월 후인 그해 겨울 안타깝게도 세상을 떠나셨습니다.

어머니는 10년간의 만성신부전 투병 생활을 끝내고 신장이식을 받은 지 얼마 안 된 상태여서 얼굴이 부어 있었습니다. 저는 짐을 다 싸놓고 마지막 이틀 밤을 남겨둔, 정신이 하나도 없는 유학 준비생이었고요. 저마다 편치 않은 사연을 가진 네 사람이 나름의 이유로 각기 다른 시기에 그 어려운 중국어 시험에 합격한 것을 기념한 사진입니다.

물론 그 사실을 군이 기리려고 한 건 아니었어요. 그 몇 시간 전에 앞서 할아버지 인터뷰 기사를 썼던 《주간동아》의 기자님이 아버지께 전화를 했답니다. 통화를 하다가 모레 아들이 출국한다는 얘기를 했는데, 기자님이 아들이 떠나기 전에 합격자들로 이루어진 가족사진을 한 장 기념으로 남겨놓으라고 권한 거예요. 그분은 마침 저까지 합격했다는 소식을 전해 듣고는 흥미를 느껴 저희 가족의 기사를 써볼 계획이었는데, 결국 기사는 불발됐습니다. 그래서 당시엔 괜히 찍었다고 생각하기도 했어요. 하지만 지금은 언어교육 역사상 매우 귀한 사진이 되어 이 책에서 사연과 함께 소개하게 됐습니다.

가자,
조지아텍으로!

그토록 호기롭게 미국 땅을 밟았지만, 얼마 되지 않아 저는 충격을 받았습니다. 수능 영어가 쓸모가 없다는 걸 인정해야 했거든요. 저랑 같이 온 유학원 동기들은 유학 경험이 한두 번씩은 있기에 별문제 없었지만, 저는 처음이라서 모든 것이 낯설어 적응 기간이 필요했습니다. 입국 심사를 받고, 수강 신청하고, 기숙사를 배정받고, 은행에서 계좌를 만들고, 월마트에서 당장 필요한 물품을 구비하는 것까지 수능 영어는 정말이지 아무짝에도 쓸모가 없었습니다. 미국 생활에서 영어는 상식과 순발력, 임기응변, 침착함, 발음의 영역이지 수능 영어의 빈칸 완성, 문장 삽입, 순서 배열, 문법의 영역이 아니었으니까요. 미국 현지에서 제가 구사할 수 있었던 영어는 『DUO 3.0』에서 배운 것들뿐이었습니다. 그 덕분에 처음 만난 미국인 룸메이트하고도 어느 정도 의사소통을 할 수 있었습니다.

밸도스타 주립대학교에서 처음 수강한 과목 중 미국 정치학 개론과 영어 작문 1은 특히 인상적이었습니다. 첫 학기 첫 시간부터 수학이나 과학이 아닌 영어 실력만으로 판가름 나기 때문에 부담감이 컸지만, 그러면서도 저에게는 영어에 대한 확신을 갖게 해준 수업이기도 했어요. 처음엔 부담감이 컸지만 교수님의 설명이 이해가 됐고, 녹음을 해뒀다가 다시 듣지 않아도 그날 수업의 요점이 무엇인지 정리가 됐습니다.

지금까지 학습한 영어를 인정받은 듯한 자신감이 생겨서 모든 수업을 더 적극적인 태도로 임하게 됐습니다. 특히 영어 작문 2에서 『DUO 3.0』의 문장을 적극적으로 활용해 A를 받아낸 것이 결정적이었습니다. 사회적 이슈에 대해서 비판하는 쪽과 옹호하는 쪽의 입장을 정리한 후 최종적으로 한쪽 편에서 자신만의 논지와 근거를 서술하는 것이 마지막 작문 과제였는데요. 번역기를 사용해서 한국어를 영어식으로 끼워 맞춘 것이 아니라 도서관에서 책과 자료를 대출해 논리를 구성하고 근거를 마련하는 작업을 했습니다. 초등학교 때 잠깐 배웠지만 어느덧 몸에 밴 그 영어 문장들을 활용하다 보니 처음으로 살아 있는 영어를 배우고 익힌다는 기분이 들었습니다.

이처럼 내 영어가 통한다는 사실을 알게 되자 편입이라는 목표가 점차 현실화되고 있다는 사실을 실감할 수 있었어요. 필수교양으로 들었던 정치학 개론, 미국 근대사, 영어 작문 1·2, 거시경제학, 건강과 보건은 물론이고 공대 편입의 필수 과정인 일반화학, 일반물리학, 일반생물학, 미적분학, 미분방정식, 선형대수학, 정역학 등 모든 과목을 통틀어서 최종적으로는 GPA 4.0점 만점에 3.9라는 성적을 받았습니다. 정말 오랜만에 받아보는 높은 점수였죠.

조지아텍에 원서를 넣기 직전 성적을 다시 한번 확인했는데 그날 밤에는 기분이 업되어 잠이 잘 오질 않았습니다. 기숙사에서 자는 시간, 학교 식당에서 밥 먹는 시간을 제외하면 온종일 도서관에서 보낼 만큼 열정과 자신감에 차서 2년을 보냈습니다. 학업만이 아니라 혼자 지내면서 고독함이 무엇인지 절실하게 깨달았고, 부모님의 보살핌에서 벗어나니 건강이 많이 축나 고생도 했습니다. 다행히 운 좋게도 부모님의 절대적인 믿음 속에 가족들의 지지를 받았고, 같이 고생하는 몇몇 한국 친구들이 힘이 되어주었으며, 기분이 처질 때마다 윈드 워킹을 하고 명상으로 호흡을 가다듬었기에 유학생활을 버틸 수 있었습니다.

2017년 4월 15일 미국 동부 표준시 오후 4시 반, 한 통의 이메일이 날아들었습니다. 시간까지 정확히 기억할 정도로 짜릿한 순간이었는데, 조지아텍 합격통지서를 받은 날입니다. 메일은 이렇게 시작됐습니다.

> **Dear Seho, Congratulations!**
> (세호 군, 축하합니다!)

고작 세 단어뿐인데 지금까지의 모든 설움을 한 번에 씻어주더군요. 두근거리는 마음으로 다음 문장도 꼼꼼히 읽어봤습니다.

> **You have been accepted to the Georgia Institute of Technology.**
> (조지아공과대학교에 합격했습니다.)

'아, 드디어 합격한 건가!'

저도 모르게 눈물이 핑 돌았습니다. 학교 도서관에서 메일을 확인했는데, 함성을 지르며 방방 뛰고 싶은 마음이 굴뚝같았어요. 그리고 가장 먼저 부모님이 떠올랐습니다. 재빨리 도서관 밖으로 나가서 부모님께 바로 전화를 드렸습니다. 한국은 이른 새벽이었지만 더 기다릴 수가 없었어요.

아버지께서 전화를 받으셨는데 잠결에 목이 잠긴 데다 아들에게 무슨 일이 생겼나 싶어 걱정스러워하는 기색이었습니다. 하지만 이내 제 들뜬 목소리를 듣고 눈치를 채셨지요.

"엄마! 아버지! 합격했어요. 나 이제 조지아텍 학생이야!"

"그래, 고생했다. 수고했어···. 이 순간을 잊지 마라. 그리고 아직까진 완전히 끝난 게 아니니까 방심하지 말고, 지금 네가 느끼고 있는 흥분을 속에서 폭발시켜라. 끝까지 최선을 다하고 그 힘으로 앞으로 나아가는 거야, 알겠니? 다시 한번 축하하고, 이번 여름에 집에서 보자."

아마 아버지께선 학기가 다 끝나지도 않았는데 너무 풀어져서 일을 그르칠까 염려가 되셨던 모양입니다. 그 말씀을 새겨듣고 마지막 학기도 무사히 마쳤습니다. 그리고 드디어 몇 년 전 한강을 바라보며 꿈꿨던, 그때는 막연하기만 했던 조지아텍을 향해 출발했습니다.

Georgia Tech

April 15, 2017   GT ID: 903357813

Seho Park
1905 Jeanette St
Valdosta, GA 31602-2962

Dear Seho,

Congratulations! You have been accepted to the Georgia Institute of Technology. On behalf of the Undergraduate Admission Committee, I am pleased to offer you admission as a transfer for the **Fall 2017** semester with the major of **Chemical and Biomolecular Engineering.**

Each year, hundreds of talented students seek admission, and this year's transfer class will consist of intellectually curious, actively engaged students like you from around the United States and world.

Seho, we are impressed by your academic achievement, as well as your impact and involvement outside the classroom. We firmly believe you will be a great fit for Georgia Tech, and we hope you are excited about the many outstanding opportunities this experience will provide you.

As you know, Georgia Tech is a place where students enjoy a unique combination of school tradition and pride, top-ranked programs, a beautiful campus with world-class facilities, and the advantages and spirit of Atlanta. We are confident you will thrive on campus.

This offer of admission is contingent upon a final review of any outstanding coursework that may be in progress. You must provide an official transcript showing satisfactory grades in any coursework that you may complete at another institution prior to your enrollment at Georgia Tech. We reserve the right to rescind admission if we determine dramatic drops in academic performance or rigor or egregious behavior/disciplinary issues.

For important next steps including making your admission deposit, please be sure to review the "Accepted Transfer" tab in BuzzPort.

Go Jackets!

Rick Clark

Rick Clark
Director of Undergraduate Admission

Office of Undergraduate Admission
admission.gatech.edu | A Unit of the University System of Georgia

조지아텍 합격통지서

슬럼프의 늪에서
신경과학을 만나다

정말 어렵게 들어온 조지아텍이었지만 이야기는 여기서 끝나지 않습니다. 화학공학 전공을 선택했는데 시간이 갈수록 공부에 대한 동기가 떨어져만 갔어요. 편입 원서를 쓸 때 화학공학을 지망한 이유는 화학이 제일 재미있었고, 1·2학년 때 성적도 제일 좋았으며, 졸업 후에도 화학과 관련된 일을 하고 싶었기 때문입니다.

그런데 처음의 기대와는 달리 학년이 올라갈수록 진로에 대한 고민이 깊어졌고, 방황도 많이 했습니다.

'화학공학 말고 내가 잘하는 게 무엇일까. 무엇을 무기로 삼고 살아가면 좋을까.'

과거와 현재와 미래를 다각도로 짚어봤습니다. 제가 걸어온 길을 돌이켜 보니 공부와 입시로 좌절을 겪었고, 가진 것을 보니 영어 학습법과 열세 살 때 공부했던 영어책 한 권이 가장 내세울 만한 것이었습니다. 그리고 미래에는 인공지능 시대에 살아남아야 한다는 도전 과제가 있고요. 이 퍼즐 조각들을 한데 맞춰보니 '영어 지옥으로부터의 자유'라는 화두가 완성됐습니다. 한국의 입시를 지독하게 겪은 저로서는 이만한 화두가 없었습니다. 이제 제가 공부한 영어 학습법에 대한 프로그램을 개발하고, 그 효과와 기전을 뇌과학적으로 증명해보자는 꿈이 생겼습니다.

불행인지 다행인지 조지아텍에는 언어학이나 교육학 같은 인문학과가 없습니다. 그래서 뇌를 본격적으로 연구하는 신경과학(Neuro Science)을 선택해 전과를 했습니다. 신경이라곤 하지만 뇌를 전문적으로 연구하는 학과입니다. 인간의 모든 학습은 뇌에서부터 이뤄지고, 뇌 발달이 학습의 진화와 밀접하게 연관되어 있기 때문입니다. 또한 기계가 인간을 닮아감으로써 점점 진화해 인간의 영역까지 넘보게 하지 않으려면, 인간도 인간 이상으로 진화해야 한다고 생각했습니다.

저는 그 출발점을 언어 학습으로 봤습니다. 언어 학습과 언어 능력을 계발하는 데 들어가는 시간과 돈을 극적으로 줄일 수 있다면, 구체적으로는 한국인의 지난한 영어 학습 과정을 효과적으로 단축할 수만 있다면 한국인들이 훨씬 생산적이고 창의적인 일에 더 많은 에너지를 사용해 시너지 효과를 낼 수 있으리라고 기대했습니다.

**훈련에 들어가기 전 우리가 마주쳐야 할
영어 학습의 진실들**

조선 선비들이 우리보다 영어를 더 잘한 이유는
EBS 수능이 없었기 때문이다!

우리나라에는 참 많은 영어 시험이 있습니다. 내신은 물론이고 수능 시험, 공무원 시험, 토익, 토플 등. 토플을 제외한 나머지 시험들에 대해선 참 할 말이 많지만 여기서는 다루지 않겠습니다. 다만, 10대부터 많으면 40대까지 이 수치화된 영어 실력에 매몰되어 있다는 점만큼은 짚고 넘어가려 합니다. 학교나 기업에서 요구하기 때문이기도 하지만, 점수로 이야기하면 일단 편하기 때문이겠지요. 모든 것이 정형화되어 있으니 여차하면 학원이나 인강을 들으면 될 테고요. 특히 토플을 제외한 나머지 시험들은 말하기와 쓰기 같은 표현 능력이 아니라 읽기와 듣기 같은 이해 능력만 측정하기 때문에 학습에 불균형이 생길 수밖에 없습니다. 그러니 고득점자라도 원어민 앞에서 꿀 먹은 벙어리가 되는 게 이상한 일도 아닙니다. 엎친 데 덮친 격으로 여기에 문제를 위한 문제, 즉 변별력 문제를 추가하는 것은 이런 상황을 극단적으로 악화시키죠.

저는 이와 관련하여 가끔 19세기, 그러니까 1800년대 말 조선의 선비가 처음으로 선교사들을 만나 영어를 배우는 광경을 상상하곤 합니다. 그들이 요즘 학생들보다 영어를 못했을까요? 훨씬 잘했을 겁니다. 왜냐고요? 한마디로, EBS 수능 영어 교재가 없었기 때문이죠. 듣고 말하는 것에 집중하고 교과서만 잘 읽으면 되니 무슨 걱정이 있었겠습니까?

조금만 생각해보면, 쉐도잉은 현대에 만들어진 교육 용어일 뿐 듣고 따라 하는 어학 교육은 이미 100년 전에도 존재했다는 사실을 쉽게 유추해볼 수 있습니다. 조선 시대 유학생이나 통역관들은 현대인보다 훨씬 실용적인 영어를 구사했을지도 모릅니다. 그들은 읽기 위주의 독해 영어가 아니라 선교사에게 쓰기와 말하기를 집중적으로 배웠으니까요. 게다가 발음도 우리보다 더 정확했을 가능성이 큽니다. 이처럼 더욱 정확한 발음을 익힐 수 있는 영어 교재와 실시간으로 들리는 원어민의 발음이면 영어 실력의 기초를 탄탄히 쌓을 수 있었겠죠.

선교사의 눈에 들어 미국 유학을 했던 많은 이들이 훗날 미국 명문 대학에서 훌륭한 학업 성적을 받았고, 그중에는 박사 학위를 취득한 이들도 있습니다. 서재필이 그랬고, 프린스턴에서 정치

외교학 박사 학위를 취득한 이승만이 그랬다는 사실로 충분히 입증되지 않나요?

영어에 기초는 없다! 에베레스트가 목표라면
처음부터 에베레스트로 시작하라

에베레스트산을 오른다고 할 때, 사람들은 보통 자신이 오를 수 있는 산들부터 시작해 점점 더 높은 산들을 차근차근 정복하며 준비한 다음 최종적으로 에베레스트에 도전합니다. 그런데 에베레스트산 밑에 사는 부족들은 주로 셰르파(등반객들을 안내하는 일)를 해서 생계를 이어나가죠. 그들에게는 태어나서 처음 본 산이 바로 에베레스트입니다. 말하자면 자기 뒷동산과 같아요. 갓난아기를 지나 일정한 나이가 되면 마을 어른들을 따라 등산 루트를 오르내리고, 성인이 되면 짐을 지고 올라가기를 수백 번 반복했겠지요. 그들에게는 한라산도 백두산도 몽블랑도 아닌 에베레스트가 오르기 익숙한 뒷동산인 겁니다.

에베레스트에 오르고 싶다면 처음부터 에베레스트를 목표로 해야 합니다. 그것이 훨씬 안전하고 빠른 길입니다. 영어도 이와 같습니다. 처음부터 원어민이 평상시 말하는 속도로, 자막을 함께 보면서 훈련해야 합니다.

사실 오늘날에는 어떤 나이에 영어를 시작하든 아무런 전제조건이 없습니다. 그냥 지금 당신이 하고 싶은 주제부터 시작해도 처음에 느끼는 어려움은 기초부터 시작하는 것과 별반 다르지 않습니다. 오히려 기초부터 다시 시작하는 사람은 이걸 배운다고 해도 당장 써먹을 영어가 아니기 때문에 최선을 다하기가 쉽지 않습니다. 나의 지식과 비슷하거나 더 새롭고 도전할 가치가 있는 지식과 재미를 담은 콘텐츠가 동기 유발 효과나 성취감 면에서 비할 수 없는 강력한 추진력을 제공하죠.

목표를 세우고 최단거리로 직진하여 그 언저리에 항상 머물러 있으면, 그것이 바로 당신의 영어 실력이 됩니다.

영어 교육의 골든 에이지는 취학 전 아동이 아니라 20~30대 청년이다

어린 초등학생보다 오히려 고등학생이, 고등학생보다 20~30대 성인들이 영어를 배우기가 훨씬 수월합니다. 배경지식, 즉 스키마가 습득돼 있기 때문입니다. 집중적으로 하면 자신의 지식을 영어로 표현하는 데 소요되는 시간이 훨씬 더 단축되죠. 원어민 수준으로 영어를 한다고 할 때, 시간이 많이 걸리는 부분은 영어 자체가 아니라 배경지식이기 때문입니다. 은행원이 업무를 영어로 볼 수 있도록 만드는 데에는 몇 개월이 안 걸리지만, 은행 업무를 익히는 데에는 이보다 훨씬 오랜 시간이 필요한 것과 마찬가지입니다.

정말 중요한 것은 내면에 축적된 전문지식과 영어를 배우고자 하는 강력한 동기입니다. 아무리 낮춰 잡아도 초등학교 고학년 이하로 내려가면 이 두 가지가 상당히 부족하죠. 해외로 뻗어 나가 유학하고 기업을 현지에 진출시키는 데 앞장설 나이는 20~30대니까요.

어릴 때는 배경지식과 사회성을 익히는 것이 더 중요하며, 특히 모국어를 제대로 배우는 것이 정말 중요합니다. 모국어도 완성되지 않았는데, 왜 해야 하는지 영문도 모르는 채 영어 유치원에 다니는 아이들을 보면 그저 안타깝다는 생각이 듭니다.

2장

원어민과 매끄럽게
의사소통할 수 있는
진짜 영어 훈련

METASHADOWING

영어 학습, 어디에
중점을 두어야 할까

○ ○ ○ ○ ○

기존 쉐도잉 vs. 메타쉐도잉

이제는 입시 위주 영어를 지양하는 영어 교육이 많은 이들에게 공감을 받는 것 같습니다. 우리나라의 건강한 영어 교육을 위해서라도, 늦었지만 다행이라고 생각합니다. 그중 가장 많이 쓰이는 쉐도잉은 현재 영어 시장의 트렌드가 되었지만, 한계도 분명히 존재합니다.

쉐도잉은 원어민이 유아 때부터 어른의 말을 알아듣고 발음을 그대로 따라 하는 식의 모국어 습득 방식을 외국어 학습에 적용한 것에 지나지 않습니다. 마치 유아가 엄마와 아빠의 말을 듣고 혼자 그대로 따라 하고 그들의 반응을 살피면서 옹알거리듯이, 그 과정을 그대로 모방하면서 구현하려고 하는 교육 형태라는 것이죠. 따라서 쉐도잉의 궁극적인 목적이 스스로 하는 이 옹알이 과정에 있다고 해도 과언이 아닙니다.

하지만 당신이 미국 가정에 입양되어 아기의 옹알이부터 시작하고 싶은 게 아니라면, 글을 읽을 수 있는 사람에게 적합한, 좀 더 발전된 형식의 쉐도잉을 해야 합니다. 여기에 저는 '메타쉐도잉'이라는 이름을 붙였고, 앞서 말했듯이 유아의 옹알이에 대비하여 '성인의 옹알이'라고 부릅니다. 모국어가 완벽하게 자리 잡은 성인이 외국어를 배울 때도 옹알이가 필요합니다. 다만 갓난아기와 달리 성인은 문자(알파벳)를 발음에 대입할 수 있고, 그에 대한 한국어 해석을 이해할 수 있다는 차이점이 있죠. 메타쉐도잉을 활용하면 하루 24시간 내내, 그리고 10년 이상의 오랜 기간에 걸쳐 영어에 집중적으로 노출되지 않아도 짧게는 1~2개월 안에도 충분히 만족할 만한 수준의 영어 실력을 갖출 수 있습니다.

영어에서 반드시 뛰어넘어야 할 세 가지 장벽

본격적으로 성인의 옹알이가 무엇인지를 설명하기 전에 외국인들이 무엇 때문에 영어 배우기를 힘들어하는지를 알아봐야겠지요? 이를 정확하게 지적한 톰슨 랭귀지 센터(Thompson Language Center)의 대표이자, 20년 넘게 ESL(English as a Second Language) 강의를 통해 전 세계 수많은 영어 학습자의 고민을 해결한 이 분야의 전문가 주디 톰슨(Judy Thompson) 교수님의 강의를 참고하겠습니다. 이 장벽을 숙지하고 있어야만 영어 학습의 방향성이 명확해집니다.

먼저 영어의 발음 속성을 살펴보겠습니다. 영어는 철자와 발음이 일대일로 대응되는 언어가 아닙니다. 예를 들어볼게요.

> **철자: red head said**
>
> **발음: [red] [hed] [sed]**

앞의 red는 철자와 발음이 같지만, head와 said는 다르죠. 그래서 영어를 모국어로 하는 사람들이 읽기에 종종 어려움을 겪는다고 합니다. 그에 비교해 비원어민인 우리는 red, head, said를 이미

레드, 헤드, 세드 등으로 발음 자체와 철자를 동시에 받아들였기 때문에 말은 못 해도 읽을 수는 있습니다.

영어의 듣기와 말하기에서는 발음이 매우 중요합니다. 발음이 정확해야 쓰인 것(문자 또는 알파벳)을 약속대로 발음할 수 있고, 반대로 발음에 맞춰서 읽을 때도 마찬가지입니다. 그렇다면 발음 문제에서 무엇이 우리를 그토록 힘들게 할까요?

강세

첫 번째는 강세(stress)입니다. 영어는 강세 기반의 언어죠. 예를 들어보겠습니다.

We have a meeting on Vednesday.

어떤가요, 글자로만 보면 매우 어색한 단어가 들어가 있지 않은가요? 맞습니다, 수요일은 영어로 Wednesday죠. 하지만 대화 상황에서는 다들 제대로 알아듣고, 수요일이 되면 회의에 참석할 겁니다. 왜냐하면 Vednesday와 Wednesday 모두 [enzdei]라는 공통된 발음 속 [enz]에 강세를 두기 때문입니다. 즉, 첫 번째 알파벳(V 또는

w)을 스쳐 지나가듯이 발음해도 무방하다는 뜻입니다. 또 하나 예를 들어볼게요.

When is your birfday?

여기서도 이상한 단어를 찾으셨나요? 생일은 birfday가 아니라 birthday죠. 그래도 상관없습니다. 이 질문을 받은 상대방은 자신의 생일을 알려줄 테니까요. 여기서 중요한 것은 특정 음절에 강세가 붙는다는 점입니다. 듣기를 할 때 제일 먼저 주목해야 할 점이 바로 특정 음절에 대한 강세입니다. 이 강세가 모여서 리듬을 형성하고, 리듬을 파악해야 문장을 습득하는 시간이 빨라집니다(이에 관해서는 뒤에서 자세히 다룹니다).

연음

두 번째는 연음(linking)입니다. 영어를 가장 쉽게 발음하기 위한 그들(원어민)만의 수단이자 언어 진화의 산물이지만, 애석하게도 한국인한테는 듣기가 안 되는 가장 결정적인 이유죠. 쉽게 생각하면 사투리의 말 줄임 정도가 되겠네요. 예를 들어 "밥 먹었어?"를 경상도에선 "밤 문나(밥 먹었나)"라고 하는 것처럼요. 영어에서는 거의 모든 문장에 적용된다고 보면 됩니다. 다음 문장을 예로 들어보겠습니다.

> **Can I have a bit of egg?**

대화 상황에서의 발음 그대로를 알파벳으로 옮겨보면 다음처럼 됩니다.

> **ca ni ha va bi da vegg? ①**

이걸 한국어로 읽어보면 이렇게 되죠.

> **캐 나이해 바 비 다 베그? ②**

처음 문장을 한국인들은 어떻게 읽나요? 바로 다음과 같이 읽 죠.

> **캔 아이 해브 어 빗 오브 에그? ③**

한국에서 영어를 배운 사람들은 ③처럼 발음하는데 영어 원어 민들은 ②처럼 발음하니 무슨 말인지 알아들을 수가 없는 거죠. 그 렇다면 어떻게 해결해야 할까요? 다음 특성에서 힌트를 얻을 수 있

메타쉐도잉

습니다.

연관 언어

마지막으로 영어는 연관 언어(collocations)라는 것입니다. 즉, 단어들끼리 짝을 이루는 경우가 많다는 뜻이에요. 예를 들어 '사랑에 빠지다'라고 할 때는 'fall in love'가 맞고, 'fall to love'나 'fall near love'는 없는 표현입니다. 몇 가지 예를 더 볼까요?

> We <u>eat</u> meals. (×) → We <u>have</u> meals. (○)
> We <u>cook</u> foods. (×) → We <u>make</u> foods. (○)
> We <u>wash</u> dishes. (×) → we <u>do</u> dishes. (○)

이처럼 모든 영어 문장은 문법이 아니에요. 그냥 자기들끼리 정해놓은 약속일 뿐이죠. 굳이 정의를 내리자면, 위의 문장들을 규명하고 공통된 법칙을 찾는 게 문법이고 그것을 있는 그대로 받아들이는 것이 영어 학습이라는 겁니다.

○ ○ ○ ○ ○

영어를 문장 단위로 학습해야 하는 이유

이상의 세 가지 속성을 종합할 때, 다음과 같은 결론을 내릴 수 있습니다.

> **영어 학습의 최소 단위는 단어가 아니라 문장이다.**

단어든 문법이든, 문장을 벗어나면 즉시 생명력을 잃어버립니다. 각각의 단어가 가진 여러 의미와 뉘앙스는 오직 문장 속에서만 정확히 드러나고, 앞뒤 문장을 포함한 문맥에서 더욱 확실하게 정체를 드러내죠. 문법 또한 마찬가지입니다.

메타쉐도잉은 단문이든 복문이든, 통문장으로 정확하게 듣고 단번에 말하는 훈련법입니다. 메타쉐도잉을 통해 통문장으로 학습하면 앞서 말한 세 가지 장벽을 가볍게 뛰어넘을 수 있습니다. 역으로, 문장 단위로 학습하지 않는다면 다음과 같은 세 가지 장벽에 부딪힐 수밖에 없지요.

• 강세(Stress): 문장 안에서 발음되는 단어의 강세와 강세가 모여서 만드는

리듬

- 연음(Linking): 문장 안에서 발음되는 단어와 단어 사이의 연음
- 연관 언어(Collocations): 문장 안에서의 연관어

미국에서 나고 자란 원어민은 이런 문장 단위의 영어 구사 방식을 갓난아기 때의 옹알이부터 시작해 평생 익혀온 사람들입니다. 당신은 이제야 이런 사실을 알게 됐겠지만, 당황할 필요는 없습니다. 그 장벽을 뛰어넘는 일종의 시간여행을 경험하게 될 테니까요.

영어 공부의 걸림돌,
유아의 옹알이

우선, 아기가 모국어를 습득하는 방식인 옹알이에 대해서 간단히 짚고 넘어가겠습니다. 영유아는 태어나서 약 5년 동안 수많은 시행착오와 상호작용을 거쳐야 비로소 성인들이 사용하는 언어와 거의 유사한 정도의 언어를 구사할 수 있게 됩니다.[1]

처음 영유아가 자신이 말하고 싶은 것을 제대로 표현했는지 확인할 수 있는 방법은 주변 어른들의 표정과 소리, 몸짓뿐일 겁니다. "마마"라고 하면 여성이 매우 기뻐하면서 계속 따라 해보라며 입모양을 과장해서 "마마"라고 할 것입니다. "다다" 또는 "바바"라고 하면 이번에는 남성이 그런 반응을 보이겠죠.

그렇게 생후 1년까지 모국어의 억양과 비슷한 억양의 옹알이를 하면서 주변 사물에 대한 소리를 익힙니다. 그러다가 생후 15개월이 지나면 간단한 단어들을 실제 원어와 비슷하게 표현할 수 있게 됩니다.[2] 생후 36개월이 되면 비로소 말하기에 필요한 기초적인 문법을 터득하고 그것을 적용한 문장을 발음하게 되죠.[3]

쉐도잉은 바로 이런 듣고 따라 하는 영유아의 모국어 습득 방식을 모방한 일련의 외국어 학습 방식을 일컫는 말입니다. 문제는 지금까지 나온 모든 쉐도잉 학습법이 유아의 옹알이에서 벗어나지 못하고 있으며 이조차도 제대로 구사하지 못한다는 것입니다. 왜 그럴까요? 대표적인 방식을 몇 가지로 분류해서 그 이유를 알아보겠습니다.

○○○○○

기존 쉐도잉의 문제 1:
단어를 먼저 충분히 설명하고 문장으로 들어가는 교육 방식

이것이 바로 유아 옹알이의 전형입니다. 유아는 문장 이전에 단어를 먼저 배우게 되는데, 아직은 뇌에 단어를 이해할 수 있는 바탕조차 형성되지 않았기 때문이죠. 영어를 완전히 처음 배우는 한국인들이 여기에 해당한다고 볼 수 있습니다. 만일 한국어로 책을 읽을 수 있는 학생이 이런 식으로 영어를 배운다면, 매우 퇴행적으로 학습한다고 말할 수밖에 없습니다. 왜냐하면 이미 그 학생의 단어 수준은 유아의 수준을 넘어섰기 때문입니다.

○ ○ ○ ○ ○
기존 쉐도잉의 문제 2:
한 문장씩 단어와 유형을 일일이 분석하면서 교육하는 방식

이는 유아의 옹알이가 좀더 발전해서 전체 이야기를 한 번에 듣고 이해할 수 있는 5세 이하의 아이들이 모국어를 습득하는 방법입니다. 만일 학생이 한국어로 동화책을 읽을 때 한두 번 읽어서 내용을 파악할 수 있다면, 그 학생의 영어 학습법은 이처럼 한 문장씩 분석하는 것이어서는 안 됩니다.

'아니, 아까는 문장 단위로 학습하라고 하더니?'라는 생각이 드시나요? 제가 이야기한 것은 학습의 기초 단위가 문장이라는 뜻이지, 한 문장씩 일일이 분석하라는 게 아니었습니다. 아이가 동화책을 읽을 때 한 문장씩 분석하나요? 전체를 읽고 느낄 뿐입니다. 다 읽고는 이렇게 물어보죠. "엄마, 근데 팥죽이 뭐야?"라고요.

전체 내용에 익숙해지면 문장은 저절로 들어옵니다. 모르는 것을 좀 자세히 알고 넘어가는 것도 좋지만, 문제는 전체 스토리임을 기억해야 합니다. 듣고 말할 때도 마찬가지입니다.

○ ○ ○ ○ ○
기존 쉐도잉의 문제 3:
매우 느린 속도로 또박또박 말하다가
점차 속도를 높이는교육 방식

아이들은 외부 세계에 노출되기 전에 일정 기간 부모나 가족들과 폐쇄적인 언어생활을 합니다. 가족들은 아이를 위해 천천히 속삭이듯 말하고 과장된 몸짓을 사용하죠. 유아의 지력이 발달하면서 그들의 입에서 나오는 말의 수준을 보고 어른들이 이에 맞추어 점점 빠르고 복잡한 말들로 언어 수준을 조금씩 발달시킵니다. 그런데 유아가 아닌 성인도 외국어를 배울 때 이렇게 해야 할까요? 이것이 바로 일본식 차근차근 방법이고, 이미 실패한 공부 방법입니다.

○ ○ ○ ○ ○
기존 쉐도잉의 문제 4:
듣기, 말하기, 읽기를 따로 분리해서 교육하는 방식

단어는 물론 듣기, 말하기, 읽기를 따로 분리해서 교육하는 방법은 악명 높은 일본식 영어 교수법에서 출발한 기형적인 방법입니다. 일본 영어는 영어가 해외로 퍼져나간 역사에서 유일하게 실패로 끝난 사례로, 이른바 '영어 교육의 파산'이라고 일컬어질 정도입니다. 그 영향을 받아 시중 학원에서는 토익 리스닝과 토익 스피킹을 가르칠 때도 듣기, 말하기, 읽기를 따로따로 다루죠. 이런 공부는 그야말로 딱 그 시험을 위한 것일 뿐이지 미국에서 실제 사용할 수 있는 실력을 갖추는 데는 아무 도움이 되지 않습니다.

미국 대학에서는 항상 소논문에 해당하는 에세이로 모든 것을 평가합니다. 원어민 대학생들은 오랜 기간의 유아 옹알이를 벗어나 성인의 학문을 배우러 온 사람들입니다. 한국의 대입 시험 방식도 이와 같아야 한다고 생각합니다.

고등학생들의 한국어 실력은 입학할 때 제출하는 자기소개서에서 잘 드러나죠. 여러 가지 경험을 했고 시험들을 통과했고 자격증을 따는 등 일련의 경험을 쌓았음을 알 수 있는데, 학생들이 이 정도 이해력은 갖추고 있으니, 이를 바탕으로 학업 능력을 영어로 바꾸어놓기만 하면 됩니다. 그러면 당장 미국의 명문 대학에 입학해도 현지 학생들보다 영어 구사 능력이 뒤떨어질 리가 없다고 생각합니다.

에세이까지는 안 되더라도 말하기, 듣기, 읽기는 당연히 동시에 배우고 익혀야 합니다. 뇌의 학습 구조가 그렇게 되어 있기 때문입니다. 눈과 귀와 입은 얼굴에서만 분리되지 않는 것이 아니라 기능 상으로도 절대로 분리될 수가 없습니다(이에 관해서는 뒤에서 자세히 다룹니다).

영어파산 :
유아 옹알이의 변형, 일본식 문법 영어

전 세계적으로 영어 사용이 점점 확산일로에 있는데 시대를 거스르는 나라가 있습니다. 바로 일본입니다. 그들은 지금도 여전히 '왜 우리가 영어를 배워야 하느냐'라며 고집을 부리고 있는 것 같습니다. 아이러니하게도, 그 대신 번역이 발달했다고 하죠.

'일본식 영어' 하면 유명한 것이 문법 영어입니다. 원어민은 잘하지도 않는 공부, 미국에는 있지도 않은 커리큘럼, 현재는 거의 사장된 문법에 맞는 영작 등을 중시하죠. 단언컨대 영어 교육 역사상 영어가 해외에 나가서 이 정도로 망가져 파산에 이른 일은 전무후무하다고 할 수 있습니다.

그런 폐해가 자기들 나라 안에서만 그쳤다면 우리가 상관할 바 아니겠으나, 우리나라에 오래도록 고통을 안겼기에 문제가 되는 겁니다. 우리나라는 일제 강점기 36년 동안 이 기형적인 파산영어 때문에 긴 세월을 헤매다가 최근 들어 겨우 정신을 차린 형국입니다.

일본 영어의 잔재로 손꼽히는 것이 EBS 수능 영어 문제집으로 대표되는 수능 영어입니다. 말하기는 아예 없고, 노력하지 않아도 점수가 나오는 무늬만 듣기평가에, 미국에서는 전혀 쓸모가 없는 독해 문제들로 채워져 있죠. 이런 것들을 배워야 대학에 갈 수 있게 한 제도는 반드시 뜯어고쳐야 합니다. 특히 영어에서만큼은 시간과 노력과 엄청난 돈을 낭비하면서 국가 경쟁력을 훼손하고 있다는 사실이 갈수록 분명히 드러나고 있습니다.

성인의 옹알이, 귀와 입이
알아서 기억하는 메타쉐도잉

흔히 귀가 뚫리면 입이 뚫린다고 말하죠. 시간이 오래 걸리긴 해도 그것이 바로 유아가 많이 듣고 나서 혼자 옹알이를 하면서 모국어를 배우는 방식입니다. 이와는 반대로, 글을 이해할 수 있는 성인의 옹알이는 문장을 통해 단시간에 입으로 귀를 뚫습니다.

'글을 이해할 수 있는 성인의 옹알이'라는 말을 좀더 풀어서 설명해보겠습니다. 먼저 글을 이해하려면 두 가지가 필요합니다. 바로 글의 소리와 글의 뜻 또는 이미지죠. 유아는 글과 소리라는 이 두 가지 요소를 정확히 맞추기 위해 수년간의 옹알이 기간이 필요하지만, 어느 정도 모국어가 무르익은 성인(여기에서 성인은 문자를 이해하는 전 연령을 가리킵니다)은 외국어 문자와 소리를 그 자리에서 대응시킬 수 있습니다. 그 글을 이해하는 데 필요한 뜻과 이미지를 모국어를 통해 이미 알고 있기 때문입니다. 따라서 성인의 옹알이에는 반드시 글, 정확하게는 문장 단위의 자막이 필수적이죠.

문장 단위의 자막을 보고 귀로 들리는 발음을 확인하면서 문자와 발음의 차이를 이해하고, 들은 발음을 정확히 따라 하면서 입과 귀를 동시에 훈련하고, 자신이 어떤 발음에서 어려움을 겪는지를 훈련된 입과 귀를 통해 스스로 인지하게 하는 옹알이를 성인의 옹알이라고 하고, 이런 학습법을 메타쉐도잉이라고 합니다.

○ ○ ○ ○ ○
메타쉐도잉 = 메타인지 + 쉐도잉

메타쉐도잉은 메타인지와 쉐도잉이 결합한 용어로, 유아의 옹알이를 답습하는 비효율적인 기존 쉐도잉의 문제점을 근본적으로 해결하기 위해 개발된 학습법입니다. 원어민의 발음을 내가 제대로 들은 것인지를 확실히 인지하고(meta cognition), 내가 들은 대로 정확히 발음하는지를 정확히 아는 상태에서 쉐도잉(shadowing)을 수행하는 학습을 말합니다.

메타쉐도잉은 또 들은 것을 정확하게 따라 하는 그 순간, 자신의 목소리를 듣고 기억하는 것을 목표로 하는 학습법입니다. 자신의 목소리가 뇌를 변화시키는 가장 강력한 도구라는 사실을 학습에 응용한 겁니다. 성인의 옹알이, 즉 메타쉐도잉을 통해 몰입 효과를 얻으면, 뇌에서는 유아의 옹알이와는 비교할 수 없는 강력한 시너지가 일어납니다. 왜냐하면 인간이 가장 친숙하게 받아들이는 소리가 바로 자기 자신의 목소리이기 때문입니다. 시각 중추, 청각 중추, 말하기 중추가 연쇄적으로 그리고 동시에 서로를 자극하면서 강화하게 되죠. 이로써 외국어 습득의 연쇄고리를 형성하는 과정이 바로 메타쉐도잉입니다.

연쇄고리 또는 순환구조(루프)는 어떤 작업을 수행할 때 시작부터 끝까지를 습관적으로 단숨에 정확히 수행해내는 일련의 과정을 말합니다. 수다를 떨거나 수영을 하거나 자전거를 타거나 복싱선수들이 무의식적으로 주먹을 휘두르는 것 등이 이에 해당합니다.

○○○○○
문장 단위 자막을 봐야 하는 이유

　문자를 활용한 성인의 옹알이, 메타쉐도잉은 자신의 영어 발음을 스스로 교정할 수 있는 최고의 방법이자 유일한 방법입니다. 물론 쉐도잉을 오랜 시간에 걸쳐서 자연스럽게 하거나 조기유학을 가서 온종일 영어 환경에 노출되면, 타인의 영어 발음을 자신의 귀로 받아들이는 폭이 넓어지고 입과 혀가 점점 영어에 최적화된 근육과 신경 구조를 갖추게 됩니다. 하지만 단순히 듣고 따라 하는 것만으로는 절대 그 시간을 뛰어넘을 수 없습니다. 듣는 것의 보조 도구로 자막이 필요한 이유입니다.

　자막은 지금 들리는 원어민 발음이 어떤 문장을 말하는지를 단번에 알 수 있게 해줍니다. 이런 자막의 도움을 받아 귀로 들은 영어 문장을 입으로 말할 수 있도록 구강 구조를 훈련하고, 동시에 귀로 들으면서 이전에 들었던 영어와 얼마나 차이가 나는지 비교하며 발성 구조에 피드백을 하고 교정해주는 과정 등으로 신경과 근육이 일종의 순환구조(루프)를 형성하게 됩니다. 이런 루프를 반복하다 보면 점점 빨리 원어민 발음에 근접하게 되고, 혀와 입은 그런 발음을 하는 데 에너지를 최소로 쓰게 됩니다. 즉, 입이 편해지고 발음이 정확해지며 말의 속도가 빨라집니다.

자막의 도움을 받아 문장 단위로 옹알이를 해야 하는 이유가 바로 이것입니다. 앞서 설명한 대로 문장 단위에서는 단어 간 연결성, 문법의 적합성, 상황적 뉘앙스, 심지어 발음과 관련된 여러 가지 요소, 즉 음색, 소리의 길이, 박자, 연음, 연관어 등이 복합적으로 작용합니다. 문장 단위로 정확하게 반복해야만 외국어 습득의 연쇄고리 를 형성하는 시간을 최소화할 수 있고, 유아의 옹알이에 걸리는 긴 시간을 가볍게 뛰어넘을 수 있습니다.

○○○○○
문장 발음이 중요한 이유

또 한 가지 중요한 포인트는 자신이 말할 수 있는 문장이라면 원어민이 말하더라도 자기 귀에 반드시 들리게 되어 있다는 것입니다. 주야장천 단어만 쉐도잉한다면 단어 발음은 좋아지겠지만 문장 발음은 개선될 리가 없죠. 반드시 통문장으로 메타쉐도잉을 해야 문장 발음이 귀에 들어오고 말하기도 수월해집니다. 따라서 학습의 단위를 단어보단 문장, 문장보단 단락을 하나의 단위로 인식하려고 노력해야 합니다.

여기에는 메타쉐도잉의 빠르기, 쉐도잉을 할 때 자신의 목소리, 집중도와 강도 등이 모두 포함됩니다. 원어민이 평상시 말하는 속도에 근접할 수 있다면 메타쉐도잉의 효과는 그만큼 극대화됩니다. 뒤에서 자세히 설명하겠지만, 말을 빨리하면 그만큼 입뿐만 아니라 귀도 그 속도에 적응하게 되어 있습니다.

자신의 발화 속도를 높일수록 상대방의 말은 상대적으로 느리게 들리고 그만큼 이해도가 높아지는데, 이 현상을 '인터체인지 효과'라고 합니다(4장 참조). 만약 인터체인지 효과로 원어민의 발음이 느리게 들릴 수만 있다면, 영어가 수준급에 올랐다고 할 수 있습니다. 듣기에서는 이미 게임이 끝난 거죠. 말하기도 끝났습니다. 들리는 대로 따라 하면 되니까요. 나머지는 단어만 가져다 붙이면 되죠. 이게 바로 성인의 옹알이가 유아의 말하기 전략을 즉시 차용하는 방식입니다. 어떤가요, 정말 스마트하죠?

○ ○ ○ ○ ○

토킹 스피드를 높여야 하는 이유

빠르게 말하는 원어민의 말을 잘 알아들으려면 귀를 기울이는 것만으로는 부족합니다. 그러나 자신의 말하는 속도가 더 빠르다면 이야기는 사뭇 달라집니다. 자기보다 월등히 빨리 말하기 전에는 상대방의 모든 말소리가 여유 있게 들려오니까요.

발화 속도를 빠르게 하는 가장 주된 이유는, 말이 빠르면 말을 할 때 방해 요소가 개입할 여지가 없어지기 때문입니다. 빠르게 말하면 빠른 영어가 몸에 배기 때문에 다음에 그 말을 다시 할 때는 발음이 어떻고, 뜻이 어떻고, 철자가 어떻고 하는 일종의 '잡생각'들이 완전히 사라집니다. 이런 노이즈가 사라지면 자연스럽게 몰입이 일어납니다.

빨리 말해야 하는 두 번째 이유는 두려움과 강박증이 일어날 틈을 주지 않기 위해서입니다. 문장 습득을 방해하는 주범 중 하나가 바로 '문법적으로 완벽한 영어를 구사해야 한다'라는 강박증입니다. 혹여라도 내 말을 상대방이 못 알아들을까 또는 상대방이 하는 말을 내가 못 알아듣지는 않을까 하는, 우리 무의식 속에 뿌리 깊게 박힌 영어에 대한 두려움을 제거하는 가장 손쉬운 방법이 발화 속도를 높이는 것입니다.

세 번째 이유는 전체를 복기할 때 매우 효율적이기 때문입니다. 예를 들어 6개월 전에 완벽하게 학습한 영화 한 편을 복습하고 싶을 때 또는 어떤 문장을 학습했는지 당장 확인하고 싶을 때는 어떻게 해야 할까요? 영화를 처음부터 다시 쉐도잉하든가 일일이 스크립트를 들고 다니면서 핸드폰 화면에 시선을 고정하고 손가락을 놀려 열심히 문장을 찾든지 해야 할 것입니다. 하지만 빠르게 말하기 습관이 되어 있으면, 그저 입으로 죽 내뱉으면서 확인하면 끝입니다.

마지막으로, 체화(體化)에 특화된 방법이기 때문입니다. 뇌뿐만 아니라 구강 구조가 습관적으로 기억하고 있기 때문에 머리에서 미리 번역을 하지 않아도 학습한 영어 문장부터 자동으로 튀어나오게 됩니다.

○ ○ ○ ○ ○
큰 목소리로 따라 해야 하는 이유

메타쉐도잉을 할 때 따라 하는 목소리는 평소보다 큰 것이 훨씬 유리합니다. 메타쉐도잉의 궁극적인 목표는 '들은 것을 정확하게 따라 하는 그 순간의 자기 목소리를 듣고 기억하는 것'이기 때문입니다.

자막과 원어민 소리를 알아듣는 청각 중추와 이를 정확히 따라 하는 말하기 중추, 그리고 이 모든 과정을 동시에 거듭하여 청각 중추가 처음에는 차례대로, 나중에는 중첩적으로 강력한 뇌 자극 순환구조를 형성하게 됩니다. 이를 촉진하는 중요한 요인 중 하나가 바로 자신의 큰 목소리입니다.

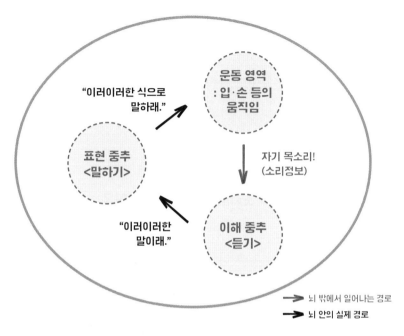

자기 목소리로 이어지는 뇌 속 연쇄 삼각 경로

　인간이 가장 친숙하게 받아들이는 소리는 당연하게도 자기 자신의 목소리입니다. 이런 성질을 이용한 마인드 컨트롤이 있을 정도로 자기 목소리는 강력한 효과를 발휘할 수 있습니다. 대표적으로는 철강왕 카네기의 자기 암시법이 있죠. 카네기는 매일 아침 거울에 비친 자신을 똑바로 보면서 "너는 강철왕이 될 거야!"라고 큰 소리로 자기 암시를 했다고 합니다.

영어는 큰 소리로
빨리 말한 만큼 들린다

　쉐도잉의 효율을 높이기 위해서는 학습 단위를 늘리고, 크게 말하고, 원어민보다 빨리 말하는 것이 중요합니다. 쉐도잉이 외국어 공부의 전부는 아니지만 이런 강력한 학습 방법을 제대로 하려면 몇 가지 전제조건이 필요합니다.

　쉐도잉이라는 말은 많이 들어봤겠지만, 가르치는 사람마다 정의하는 바가 다르더라고요. 어떤 사람은 원어민이 말하는 것과 거의 동시에 따라 말하기라고 정의하기도 하고, 또 어떤 사람은 자막 없이 원어민 발음을 듣고 따라 한 이후에 자막을 확인해야 한다고도 하더군요. 보통은 전자를 쉐도잉이라고 생각하는 사람이 많은 것 같습니다.

언어 학습에서의 쉐도잉을 정의하자면, '화자가 말한 후, 자막을 가지고 따라 말하기(repeat after the speaker with transcript)[4]'입니다. 즉, 원어민의 발음을 들으면서 자막을 읽은 후에 따라 말하는 행위를 가리킵니다.

○ ○ ○ ○ ○
쉐도잉에 메타인지를 적용하는 방법

첫째, 쉐도잉에는 반드시 자막이 동반되어야 합니다. 자막 없이 음성만으로 이해하려면, 그 음성에 해당하는 문자를 미리 알고 있어야 합니다. 그 음성에 해당하는 문자 정보와 대응시키지 못했거나 그 음성에 대한 사전 정보 또는 지식이 없을 때 우리 뇌는 눈으로 보이는 상황, 촉각·후각·미각 등 현재 자신이 느끼는 복합적인 감각과 당장 들려오는 음성을 연관 짓습니다. 이런 식의 원시적이고 본능적인 언어 학습은 태어난 직후부터 본격적으로 문자를 배우기 전까지 수많은 시행착오와 반복을 통해 이뤄집니다. 또는 언어 습득 수단이라고는 손짓, 발짓, 몸짓밖에는 없는 오지에서 살아남아야 할 때도 그럴 수 있겠네요.

자막 없이 영어 공부를 하겠다는 것은 미국에서 다시 태어나고 싶다는 것과 다를 바가 없습니다. 아기의 모국어 습득과 우리의 외국어 습득에서 최종 목적은 해당 언어로 원활한 의사소통을 하는 것이지만, 받아들이고 판단하고 처리하는 부분에서 유아보다는 성인들이 훨씬 고등하므로 최초 접근 방법도 달라야 합니다.

우리는 이미 모국어가 완벽한 외국어 학습자입니다. 문자를 사용하고, 정제된 표현으로 의사소통을 하죠. 따라서 모든 상황에서 수천, 수만 번 반복하며 생성된 공통된 이미지에 음성을 일대일로 대응시킬 필요가 전혀 없습니다. 문자 하나면 이 모든 것이 해결되니까요. 음성에 자막이 있다면 그 음성을 이해하는 데 필요한 모든 노력을 하지 않아도 됩니다. 음성을 이해하고 말하는 데 필요한 것은 오직 그 문자의 발음이죠. 그 발음을 듣고 문자를 읽으면서 받아들이고, 영어로 따라 해보고 모국어로 이해하면 그걸로 된 겁니다. 한 문장을 수백 번 반복하는 것과 자막을 보면서 수백 개의 문장을 몇 번 반복하는 것 중 당신은 어떤 것을 선택하시겠습니까?

두 번째, 쉐도잉은 '들으면서 따라 하기'가 아닌 '듣고 따라 하기'입니다. 마치 '복명복창'과도 같은데요, 복명복창의 가장 큰 목적은 상관의 지시를 부하 또는 하급자가 제대로 이해했는지 상관과 부하가 동시에 확인하는 것입니다. 나아가 하급자가 상급자의 명령을 정확히 복창함으로써 잊어먹지 않게 하려는 장치이기도 하죠. 일사불란한 지휘계통에 혼란을 주지 않으려면 이런 사소한 것부터 지켜져야 하니까요.

영어 학습에서도 '듣고 따라 하기'는 일종의 확인 작업일 뿐 아니라 무의식적인 암기 작업이기도 합니다. 들린 음성대로 내가 제대로 발음했는지, 발음이 힘든 부분은 어디고 원어민은 그 부분을 어떻게 발음했는지 등 자신의 발음과 영상 또는 음성 속 원어민의 발음을 스스로 일치시키는 과정이죠. 그러면서 자신도 모르게 무의식적인 암기 작업이 일어나게 하는 것입니다. 무엇을 모르는지 스스로 관찰하며 깨닫는 것, 이것이 바로 메타인지 과정입니다.

○ ○ ○ ○ ○
영어의 논리회로를 따라가라

영어를 가르치는 원어민 유튜버들은 영어를 배우는 외국인들을 다음과 같은 과정을 통해 지도합니다.

자막을 보여준다.

발음을 들려준다.

자막을 보면서 따라 할 수 있는 시간을 준다.

다시 발음을 들려준다.

이 과정을 두 번 정도 더 반복한 후 다음 문장으로 넘어간다.

　　이것이 가장 기본적인 쉐도잉 논리회로라고 할 수 있습니다. 원어민의 발음을 못 알아듣는 가장 주된 원인은 그 문장들을 발음할 수 없기 때문입니다. 우리가 정보를 이해할 때는 기존에 학습된 기억에 의존합니다. 그런 다음 학습된 기억을 처리한 것과 동일한 논리로 표현을 하죠. 쉽게 말해서 자신이 듣지도, 보지도, 말하지도 못했던 정보들은 받아들일 수도 없고, 말할 수도 없는 것입니다. 자신에게 생소한 것은 처리 불가 항목으로 자동으로 분류되거든요. 역으로, 언어를 처리하려면 먼저 그 언어에 익숙해져야 합니다.

언어 처리 능력은 기존에 학습된 기억의 수준에 달려 있습니다. 만약 기존에 학습된 기억이 어휘 수준의 단계라면 그 사람이 처리할 수 있는 언어 역시 어휘 수준이고, 기존에 학습된 기억이 문장 수준의 단계라면 그 사람이 처리할 수 있는 언어 역시 문장 수준이며, 기존에 학습된 기억이 연설 수준의 단계라면 그 사람이 처리할 수 있는 언어 역시 연설 수준이라는 뜻입니다.

『나의 문화유산답사기』에서 저자는 "아는 만큼 보인다"라고 말했습니다. 이를 제가 생각하는 언어 학습에 적용해보면 다음과 같습니다.

> **크게 말한 만큼 들린다.**

영어 교과서만 완벽히 끝내도
미국에서 절대 헤매지 않는다

○ ○ ○ ○ ○

자신의 관심 분야가 영어의 기초다

혹시 당신은 영어의 기초가 부족하다는 생각에 많은 시간과 자원을 기초 다지기에 쏟아붓지는 않으셨나요? 이제는 절대 그러지 마시기를 간곡히 당부드립니다. 시험에서의 기초와 실제 영어에서의 기초는 다르기 때문입니다. 당신에게 이미 익숙해진 관심 분야가 바로 당신의 기초입니다. 그것이 제가 말하고자 하는 영어 학습의 출발점(기본)입니다.

시중에 나온 대부분의 영어 학습서는 학습 분야를 문법, 독해, 회화, 작문, 듣기 등으로 분류합니다. 이런 분류는 수천 단어를 알고 있든 수만 단어를 알고 있든 상관없이 모든 사람에게 적용되죠. 또 분야별로 기초, 중급, 고급 하는 식으로 난이도를 다시 세분화하죠. 영어 학습에서 이런 식의 분류는 우리를 영어라는 수렁에 더 깊이 빠져들게 하는 사악한 장치일 뿐입니다.

만약 기초부터 착실하게 쌓아 올려야 외국어를 잘할 수 있다면 평범한 가정주부인 저의 어머니도, 지금은 돌아가셨지만 당시 80을 앞두셨던 할아버지도, 그리고 아버지도 신HSK 5급 획득은 꿈도 못 꾸었을 겁니다. 저 또한 중국어를 전혀 모르는 상태에서 한 달 만에 신HSK 5급을 획득하겠다고 나서지 못했을 것입니다. 한편으로, 어린아이에게 그 자격증을 따라고 했다면 중국어 실력보다는 본문을 읽을 수 있는 배경지식을 쌓는 데 더 많은 시간이 필요했겠죠.

기초란 영어를 배운 지 얼마나 됐느냐가 아니라 한국어로 얼마나 이해할 수 있느냐를 기준으로 정해야 합니다. 이것이 가장 기본적으로 차이가 나는 부분이지, 영어 자체의 표현법이나 필수적으로 이해해야 하는 문법이 아닙니다.

기초에 집착하는 습관 역시 일본에서 온 것입니다. 영어파산의 잔재죠. 기초 영문법, 기초 영단어, 기초 문법, 기초 회화…. 매사에 이렇게 반복하지 않나요? 자신감이 부족한 겁니다. '기초도 없이 고급을 하려고 하는 염치없는 놈'이라는 욕을 죽어도 듣기 싫어하는 성향이 고스란히 드러나죠.

영어 학습의 핵심은 절대로 '기초'에 있지 않습니다! 학습에 임하는 사람은 자신감과 호기심에 가득 차고, 확실한 동기를 가지고 있어야 합니다. 그러려면 현재 자신의 직업과 관심 분야에서 출발하는 것이 가장 빠르죠. 자신의 직업이나 잘 아는 분야에서 익힌 지식을 배경으로 영어로 읽고, 쓰고, 말하는 것! 그것이 영어 학습의 핵심이자 출발점이어야 합니다. 자기 분야의 영어가 곧 자기 수준이 되는 셈입니다.

아무 관심도 없는 분야의 내용으로 이뤄진 영어책들은 따분하고 흥미가 없을 수밖에 없으며, 그러면 공부에 재미도 붙지 않습니다. 관심 분야의 자료나 단어들이 많이 들어가 있는 문장으로 이루어진 책과 동영상을 교재로 삼아야 영어를 재미있게 공부할 수 있고 실력도 놀랍게 향상됩니다.

○ ○ ○ ○ ○

최고의 교재, 영어 교과서

영어 교과서만큼 훌륭한 영어 학습 교재는 없습니다. 그 이유는 다음과 같습니다.

첫 번째, EBS 연계 참고서 못지않게 현장의 교육자분들이 집필하고 검증한 책입니다.

두 번째, 영어 학습서 중 가장 훌륭한 구성으로 되어 있습니다. 대한민국 어떤 영어 학습서도 교과서만큼 말하기, 듣기, 읽기, 쓰기를 동시에 훈련할 수 있도록 되어 있지 않습니다.

세 번째, 본문 내용 자체가 상당히 실용적입니다. 긴말할 필요 없이 바로 증명해보겠습니다. 다음은 동아출판사의 중학교 3학년 영어 교과서(2009 개정 교육과정) lesson 5. How we think what we do 의 본문 중 91쪽의 내용을 인용한 것입니다.

You're just making an excuse

It was the day before an important exam. After dinner, jihun turned on the TV to relax for a minute before he started studying. Somehow, everything on TV seemed more interesting than usual, so he just couldn't turn it off. On the way to school the next morning, jihun said to himself, "why did I stay up all night and watch TV?" there's a reason why TV became more interesting to jihun right before his exam. He wanted to make an excuse if he failed. He wanted to say, "I failed the test because I didn't study, not because I'm not smart."

변명일 뿐이야.

시험 치기 바로 전날의 일입니다. 저녁을 먹고, 지훈이는 공부하기 전 몇 분 동안 쉬기 위해 TV를 켰습니다. 그런데 TV에 방영되는 모든 것이 평소보다 재밌는 겁니다. 그래서 지훈이는 TV를 끌 수가 없었습니다. 다음 날 등굣길에 지훈이는 자신에게 물었습니다. "내가 왜 밤을 새우면서까지 TV를 봤지?" 왜 시험 전날 TV가 더 재미있었는지 지훈이에겐 이유가 있겠죠. 시험을 망쳤을 때를 대비해서 변명할 거리를 찾고 싶었던 겁니다. 그래서 이렇게 말하고 싶었을 겁니다. "내가 시험을 망친 건 공부를 안 했기 때문이지, 똑똑하지 않아서가 아니야."

제가 몇 군데 밑줄을 쳐두었는데, 실제 미국에서 매우 유용하게 쓰이는 문장이나 구문입니다. 저 정도만 구사할 수 있어도 미국 학교에서 선생님의 말씀을 못 알아듣는 불상사는 없다고 자신합니다. 원문을 찬찬히 읽어보면 알겠지만, 실전 영어를 썩 괜찮은 이야기로 잘 풀어냈습니다. 시험을 망친 데 대해 구차하게 변명하지 말라는 교훈이 담겨 있죠.

모든 영어 교과서는 이처럼 본문을 중심으로 말하기, 쓰기, 듣기와 관련된 다양한 학습 활동을 하게 되어 있습니다. 그런데도 영어 교과서가 학교 일선에서 뒷전인 이유는 내신을 제외하면 어떤 영어 시험과도 연관성이 없고, 평가 방식이 비효율적이기 때문입니다. 우리나라 영어 교육에서는 언어의 말하기, 듣기, 쓰기, 읽기 중 읽기(독해, 문법, 어휘)의 중요성을 지나치게 강조한다는 얘기입니다. 영어 교과서의 존재 이유가 공교육을 통한 영어 실력 증진인 만큼, 이 영어 교과서를 충분히 활용해서 가치를 최대한 발휘해야 한다고 생각합니다.

메타쉐도잉

영어 교과서 통암기의 정석

동이출판 중2~~~~~~(김)

01. Catch ~~~~ ur Dreams

He was once a poor high school dropout, but today he is a well-known inventor.

 중3 영어 교과서를 통으로 외우는 박○○ 군 영상
https://www.youtube.com/watch?v=4neaXl_LQT4

　위 동영상에 나오는 학생은 메타쉐도잉 학습법을 통해 단 10일 만에 중학교 3학년 교과서를 처음부터 끝까지 외웠습니다. 혹시 눈치채셨나요? 맞습니다, 제 동생이에요. 당시 중학교 2학년이던 제 동생은 영어 점수 때문에 고민이 많았습니다. 교과서를 외우기만 하면 충분히 100점을 받을 수 있는 상황에서 항상 몇 개씩 틀리곤 했습니다. 그래서 겨울방학 때 학교 영어 시험을 단숨에 끝내버리자는 각오로 3학년 영어 교과서를 통으로 외웠죠. 그 덕에 3학년 올라가서는 영어 점수를 더는 걱정하지 않게 됐습니다.

그런데 고등학교에 진학하면서 약간의 위기를 겪었습니다. 위례 신도시로 이사한 다음 학교를 배정받았는데, 너무 멀기도 할 뿐더러 중학교 때 알고 지내던 친구들이 하나도 없어서 학교생활에 적응하기 힘들어했습니다. 게다가 저와 마찬가지로 EBS 교재 위주로 진행되는 영어 수업 때문에 갈등을 겪다가 집 근처에 있는 한빛고등학교로 전학했습니다. 이때부터 동생 또한 중학교 때 익혔던 영어 학습법에 눈을 떴고, 인생의 전환점을 맞이했어요.

전학 간 지 몇 달 후 학교에서 기발한 영어 경시대회가 개최됐습니다. 보통의 영어 경시대회답지 않게 스티브 잡스의 그 유명한 스탠퍼드대학교 졸업 연설문을 학생들에게 나눠주면서 전반 또는 후반의 내용 중 하나를 골라 학생이 연설하는 형식으로 경연대회를 개최한다는 것이었습니다. 학생 둘이 한 팀을 이루어 발표하는 방식이었어요.

좋은 기회라고 생각한 동생은 동영상을 구해다가 자막을 입혀 즉시 메타쉐도잉과 크레이지 스피킹(crazy speaking)을 신나게 휘둘렀습니다. 이렇게 완벽히 연습했는데, 개학 날 학교에서 돌아온 동생의 표정이 좋지 않았습니다. 같이 하기로 했던 친구가 방학 동안에 놀기만 했던 모양입니다. 갑자기 참가하지 못하겠다고 했다는군요.

억울해 죽겠다는 표정의 동생에게 몇 마디 귓속말을 해줬더니, 당장 일어나 친구 집으로 뛰어갔습니다. 동생은 이렇게 말했대요.

"야, 걱정 말고 참가나 하자. 너는 맨 앞의 한 문장만 하면 돼. 나머지는 내가 알아서 할 테니까. 알았지? 상 받으면 내 덕인 줄 알아!"

드디어 경연 날이 됐고, 동생 팀이 최우수상을 받았습니다.

나중에 동생이 들려준 바에 따르면, 다른 팀들은 모두 원고를 보고 읽었다고 합니다. 그런데 자기 차례가 됐을 때 친구가 한 문장을 읽자마자 나머지를 끝까지 원고 없이 연설을 해나갔대요. 그 긴 연설문을 다 외우다니, 학생들은 물론이고 선생님들도 당연히 깜짝 놀랐죠.

이 일을 계기로 자신감을 회복한 동생은 새로운 학교에서 친구도 사귀고 나중에는 학급 반장까지 하면서 학교생활을 재미있게 해나갔습니다. 거슬러 가면 중학교 2학년 때 쌓은 실력이 좋은 기회를 만나 꽃을 피운 건데요. 세월이 좀더 흐른 지금, 이렇게 제 책에까지 예시로 등장했으니 꽃이 또 한 번 핀 셈입니다.

크리스천을 위한
영어 성경 통암기 운동 제안

　당신이 크리스천이라면 영어 성경에 도전해보시길 권합니다. 구약성경보다는 신약성경이 더 적당하고, 그중에서도 요한복음이 많이 추천됩니다. 한때 요한복음으로 영어를 끝낸다는 책이 출간돼 영어 성경 공부 열풍이 불기도 했습니다. 다만 아쉬웠던 것은 독해 위주의 문법 해설뿐이라 어떻게 끝낸다는 것인지에 대한 의문이 들었다는 겁니다. 영어 성경 공부 열풍이 불었지만 요한복음 전체 분량을 통으로 외우는 사람이 있다는 얘길 들어본 적이 없거든요.

　만약 영어 요한복음 전문을 처음부터 끝까지 줄줄 꿸 정도의 실력이라면 영어에 충분히 자신감을 가질 수 있지 않을까요? 앞으로 설명할 메타쉐도잉과 크레이지 스피킹을 통해 넉넉잡아 30일이면 반드시 그런 사람들이 등장할 것으로 확신합니다.

또 외국 선교 활동에 쓰이는 영어를 구사하고 싶어 하는 분들께 제안합니다. 미국 목사님들의 설교 동영상을 자막 단위로 화면을 전환해 볼 수 있는 프로그램이 있다면 그분들의 설교를 당신도 똑같이 따라 할 수 있습니다. 먼저 그분들의 어투와 톤에 집중해서 듣고 따라 하되, 한 문장을 세 번 정도 반복해서 보고 바로 다음 문장으로 넘어가서 최대한 빨리 끝을 봐야 합니다. 이 과정을 반복하다 보면 어느새 당신의 입이 그 목사님의 설교를 기억하는 경지에 이를 겁니다. 달달 외운다는 생각 자체를 버리고 처음부터 끝까지 제대로 듣고, 정확히 따라 하기를 반복하면 됩니다.

제 주변의 크리스천 중에는 성경 통독을 일생의 목표로 삼는 분들이 많은데요. 목사님처럼 성경을, 그것도 영어로 줄줄 뗄 수 있는 것보다 더 확실한 영어 학습 동기는 없지 않을까 생각해봤습니다.

과거 한국 교회에서는 신도들을 모집할 여러 가지 유인책이 있었습니다. 그런데 요즘은 한국 사회 전체가 4차 산업으로 급속히 이동하고 있는 데다 직장인이나 학생들 모두 각자의 일에 바쁘기도 해서 유인책을 찾기가 쉬운 일이 아닐 듯합니다. 그래서 언제부턴가 한국 교회에 청년부가 없어졌다고 걱정하는 사람이 많아졌습니다. 예전에 흔했던 교회 유치원이나 중·고등부 같은 유소년 조직

들도 보기가 흔치 않은 시대가 되었습니다.

이런 문제를 해결할 한 가지 방법으로 청소년과 20~30대 직장인을 중심으로 성경을 비롯해 미국의 다양한 콘텐츠 중 핫한 것을 골라 말하기 위주의 메타쉐도잉을 이용한 영어 공부 모임 만들기를 제안해봅니다. 교회에 가서 영어 마스터했다는 성공신화를 한 번만 만들어낸다면 청년 신도들이 구름처럼 모여들지도 모릅니다.

저는 크리스천은 아니지만 종교를 떠나 가장 효율적인 영어 학습법을 많은 사람에게 알리고 싶은 마음에서, 교회 사정을 잘 알지는 못하지만 만약 인연이 된다면 전국 교회에 영어 성경 열풍을 한 번 일으켜보고 싶습니다.

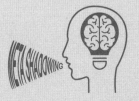

3장

진정한 영어 뇌혁명,
메타쉐도잉의 뇌과학

METASHADOWING

뇌를 진화시켜라

우리는 시간의 제약 때문에 목표를 이루지 못하는 경우가 허다합니다. 시간만 무한정으로 주어진다면 이루지 못할 것은 없겠지만 현실은 그렇지 않죠. 영어에서도 시간이라는 변수를 뛰어넘으려면, 반드시 학습에 몰입해야 합니다. 그러려면 우리 뇌를 진화시키는 것이 가장 좋은 방법입니다.

이 책은 우리 뇌가 가진 무한한 가능성을 믿는 분들을 위해 쓰였습니다. 혹자는 한 분야의 전문가가 되는 데 1만 시간이 필요하다고 하고, 어떤 이는 외국어를 습득하는 데 3,000시간이면 충분하다고 합니다. 3,000시간만 잡더라도 하루에 10시간씩 10개월이 소요되는데, 이 정도면 외국어를 못하는 게 오히려 이상할 정도입니다. '밥을 먹으면 배가 부르다'라는 말과 같이, 너무나도 당연하지만 허무한 명제입니다.

어떤 사람은 '우리 방법은 훨씬 더 간편하다. 하루에 8시간씩 6개월이면 충분하다'라고 하는데 저에게는 이마저도 너무나 터무니없다고 느껴집니다. 시간과 노력을 투자하는 걸 절대 가볍게 생각하는 건 아니지만, 저로서는 하루에 8시간씩 6개월을 꼬박 영어에만 투자하기에는 의지도 부족하고 시간도 내기 힘듭니다. 게다가 그만큼의 중노동을 하고 얻은 것이 영어를 모국어처럼 구사하는 것도 아니고 겨우 영화 한 편 알아듣기라니 어이가 없을 지경입니다. 그 정도를 가지고 미국에서 대학 생활을 문제없이 해나가기는 어렵습니다.

영어를 모국어처럼 구사할 수 있는 수준을 논외로 한다면, '그 정도까지 할 필요가 없다'라는 게 저의 지론입니다. 왜냐하면 우리는 스스로 생각하는 것보다 훨씬 더 대단한 존재들이기 때문입니다.

물론 운동이나 예술의 세계에서는 반드시 상당한 노력과 시간을 쏟아부어야 합니다. 이들 분야에서 최고가 되려면 천재성도 뒷받침해줘야 하겠지요. 하지만 뇌의 세계, 특히 언어의 세계는 끊임없는 노력이나 시간, 천재성과는 거리가 멀다고 생각합니다. 인간의 가능성은 곧 뇌의 잠재 능력을 얼마나 끌어올리고 활용할 수 있는

메타쉐도잉

지에 달려 있다고 보기 때문입니다. 더불어 언어를 처리하는 시각, 청각, 발성 기관조차 뇌의 지배를 직접적으로 받는 기관이고, 이들이 정상적으로 기능하기만 한다면 뇌와 더불어 가장 발전 가능성이 큰 기관이라고 할 수 있습니다.

언어 자극을
연결하고 또 연결하기

적은 시간으로도 공부 효율을 높이려면 첫째, 남들보다 머리가 좋아야겠죠. 둘째, 공부법의 효율이 좋아야 합니다. 셋째, 몰입해야 합니다.

그러나 저는 그리 똑똑한 사람이 아닙니다. 남들이 한 번 들으면 이해할 내용을 두 번, 세 번, 어쩌면 그 이상을 반복해야 합니다. 같은 성적을 받으려면 최소 2배 이상 노력해야 하는 둔재에 가깝습니다. 그런데 고등학교 성적도, 수능 성적도 안 좋아서 세 번씩이나 대학 입시를 망친 제가 어떻게 10일 만에 560문장을 습득하고 대학에서까지 충분히 써먹을 수 있었을까요? 자유롭게 쓸 수 있는 한자라곤 이름 석 자밖에 없던 제가 어떻게 한 달 만에 신HSK 5급을 취득하고 유학길에 오를 수 있었을까요?

우선 이런 일을 가능하게 하는 우리 뇌를 좀더 살펴봐야 합니다. 뇌는 인체의 여타 기관과는 다른 특별한 세포로 구성되어 있는데 이 세포를 신경세포라 하며, 앞으로는 뉴런이라고 하겠습니다. 신호 전달에 특화된 이 세포는 서로 물고 물려서 마치 거대한 스파게티를 연상시키는 친숙한 기관을 구성합니다. 우리 뇌는 바로 이런 신경망의 집합체로 구성되어 있지요.

우리 뇌는 그 자체가 마치 살아 있는 생명체처럼 중요한 것과 중요하지 않은 것들을 다음과 같은 네 가지 동작을 통해 나눕니다. 자기들끼리 재연결하고(reconnect), 가지치기하고(reweight), 재배치하고(rewire), 다시 만들죠(regeneration). 그러면서 연결을 강화해나갑니다.

이 뉴런들 덕분에 우리는 자전거도 탈 수 있고, 좋아하는 노래를 기억하고 연습해서 노래방에서 신나게 부를 수도 있고, 난생처음 좋아하는 사람에게 손편지를 써서 전해줄 수도 있습니다. 가장 기초적인 감각부터 욕구와 이성까지, 우리가 느낄 수 있는 모든 것이 바로 '신호'입니다. 우리 뇌는 매 순간, 지금 이 순간에도, 이 신호들을 끊임없이 판단하고 다른 기관에 명령을 내립니다. 어떤 행위는 의식적으로, 어떤 행위는 무의식적으로 이뤄지죠.

이 뉴런들의 네 가지 속성이 신호를 처리하는 아주 중요한 메커니즘이라고 할 수 있습니다. 우리가 정보를 저장하는 방법이 바로 이런 뉴런들의 연결성에 있기 때문입니다. 그림을 통해 예를 들어보겠습니다.

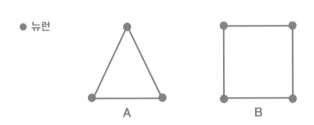

A라는 정보를 저장하기 위해선 3개의 뉴런이, B라는 정보에는 4개의 뉴런이 필요하다고 가정해보죠. A를 꺼내려면 3개의 뉴런을 연결해 활성화하고, B는 4개의 뉴런을 연결하는 메커니즘이라고 보면 되겠습니다. 연결이 단순해지고 강화된 정보들은 중요한 정보로 간주해 장기기억으로 남기고, 그렇지 않은 정보들은 변화를 주어 자신을 가장 효율적인 상태로 만드는 것이 뇌의 역할 중 하나입니다. A라는 정보가 필요 없어지면 각각의 뉴런은 연결을 끊고 다른 뉴런을 찾아 연결하겠죠.

그렇다면 문제는 '어떻게 잘 기억할 것인가'입니다.

배가 고파서 사과를 따 먹는 것과 나를 잡아먹으려는 호랑이를

메타쉐도잉

피해 달아나는 것 중 어떤 것이 더 긴급하고 중요할까요? 당연히 사과를 포기하고 달아나야겠죠. 이런 선택을 하는 것이 뉴런의 특별한 특성 중 하나로, 바로 중요도(가중치) 선정입니다. 즉, 자신에게 무엇이 더 중요한지 스스로 판단하는 것입니다.

이런 가중치를 부여할 수 있는 신호가 바로 반복입니다. 우리 뇌는 이것을 '중요한 신호'라고 판단해서 연결을 강화해 좀더 오래 기억할 수 있게 합니다. 특정 신호를 중요한 것으로 인식하여 더 오래 기억하고 쉽게 인출할 수 있도록 스스로 훈련하는 겁니다. 공부를 반복하는 학생에겐 공부가, 운동을 반복하는 운동선수에겐 운동이 중요한 신호가 되는 거죠.

이어지는 4장부터는 이런 영역 간 뉴런들의 연결성 강화와 자극의 반복 입력 횟수를 극도로 끌어올려서 영어에 대한 신호를 즉각적으로 반응하고 인출할 수 있도록 할 겁니다. 즉, 단기간 몰입하고 반복해서 생각을 하지 않고 영어를 뱉어낼 수 있도록 훈련하는 겁니다.

예를 들어볼까요? 당장 30분 뒤에 다음 문장을 두고 쪽지시험이나 구두시험을 본다고 가정해보죠.

> **Korean miracle extends exactly as far as the armies of free nations advanced in 1953, 25 miles to the North.**
>
> (한국의 기적은 1953년 정확히 여기로부터 25마일 북쪽까지 자유 진영의 군사들이 진격했던 곳에서 멈췄다.)

30분에 한 문장 정도라면 어떻게든 해낼 수 있겠죠. 하지만 10일 뒤에도 똑같은 문장을 완벽히 재현해낼 수 있을까요? 한 달 뒤에는요? 만약 외울 문장이 한두 개가 아니라 몇십, 몇백 개라면?

뉴런의 연결성을 강화하고 장기기억으로 넘기려면 자극과 반복이 중요하다고 이야기했죠. 우리는 이제 원어민 음성파일을 듣고, 자막을 눈으로 읽으면서 입으로 따라 하고, 다시 들어보면서 원어민의 발음과 자신의 발음을 비교하며 무엇이 부족한지 스스로 확인하는 과정을 통해 자극을 충족시킬 겁니다. 이런 과정을 영어 학습을 하는 보름 동안 모든 문장에 걸쳐 최소 스무 번 이상은 되풀이하게 될 겁니다.

메타쉐도잉의 뇌과학 1: 듣는 뇌

우리의 의사소통은 유의미한 언어의 입력과 인출의 끊임없는 순환 과정입니다. 언어의 입력은 뇌 속으로 신호가 들어오는 과정을 말하죠. 인간은 듣기, 읽기, 보기, 점자로 느끼기 등의 감각기관을 이용한 행위를 통해 뇌에 자료를 입력합니다.

언어의 인출은 자신의 의도를 타인에게 전달하는 과정입니다. 말하기, 쓰기, 그리기, 수화를 비롯한 신체언어(보디랭귀지)를 통해 자신을 표현합니다. 이 책에서는 눈, 귀, 입을 통해 이뤄지는 의사소통 과정을 집중적으로 다룰 겁니다. 읽기, 듣기, 말하기는 사람이 지닌 가장 기본적인 의사소통 과정이자 가장 필수적인 의사소통 과정입니다. 각각은 독립적인 과정이 아니며, 연쇄 삼각 고리처럼 연결되어 있으므로 상호 보완적이며 서로를 강화하기도 합니다. 이 세 과정을 포함한 의사소통 과정이 전부 뉴런들의 연결망이기 때문입니다.

○ ○ ○ ○ ○
자기 목소리를 더 잘 알아듣는 우리의 뇌

먼저 듣기 과정을 살펴볼까요? 우리가 이해하는 음성 언어는 전부 전기적 신호입니다. 소리 자체를 이해하는 것이 아니라 소리에서 변환되어 걸러진 전기적 신호를 판단하고 해석하는 것이 바로 우리가 듣는 과정의 실체입니다.

여기서 '걸러졌다'라고 표현한 이유는 실제로 귀에서 일차적으로 소리를 걸러내기 때문입니다. 고막과 뼈를 연결하는 근육이 고막 긴장근인데, 이 근육은 특정 진동수에 잘 반응하도록 초점을 조절하는 역할도 합니다.[5] 여기서 말하는 특정 진동수는 반복 입력되어 익숙해진 신호를 말하며, 많이 들어본 소리일수록 잘 듣고 생소한 소리는 걸러 듣습니다.

이는 곧 가장 익숙한 자신의 목소리에 고막 긴장근이 초점을 맞춘다는 의미이고, 많이 듣는 것뿐 아니라 들은 것을 정확히 따라

메타쉐도잉

하는 자신의 목소리가 가장 효과적인 자극이 된다는 걸 시사합니다. 또한 귓속의 등자뼈 근육이 발달할수록 소리가 더욱 또렷이 들립니다. 그러면 중요한 신호를 더 민감하게 받아들일 수 있고, 발음도 더 정밀하게 들리죠.

따라서 정밀한 발음을 하기 위해서는 원어민의 소리를 자주 듣는 것만으로는 부족하고, 원어민의 소리를 정확히 따라 해야 한다는 의미가 됩니다. 즉 자신의 소리가 정밀해지도록 노력해야 한다는 뜻이죠. 이것이 곧 메타쉐도잉의 요체이기도 합니다.

이렇게 귀에서 걸러져서 뇌로 전달된 신호들은 1차 청각 영역을 거쳐 왼쪽 귀 바로 위편에 있는 베르니케 영역(Wernicke's area)에서 우리가 이해할 수 있는 언어로 받아들여집니다. 이 베르니케 영역이 듣기를 관장하는 듣기 중추이며, 의미 있는 언어를 들을 때마다 가장 활발하게 활성화되는 곳입니다.

흥미로운 점은 우리가 듣고 이해한 신호가 여기서 끝나지 않는다는 것입니다. 이 신호는 신경고속도로를 타고 발음을 만들어내는 말하기 중추인 브로카 영역(Broca's area)을 거쳐, 최종적으로는 인체의 의사 표현과 관련된 근육에 연결된 신경망을 제어하는 1차 운동 영역에 도달합니다.[6]

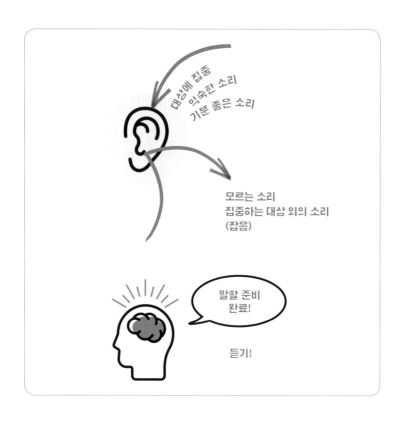

우리가 말을 할 때도 이 과정이 반복됩니다. 우리 귀에 들리는 것은 타인의 목소리뿐만 아니라 우리 자신의 목소리도 포함되기 때문이죠.

정리하자면, 듣기만 해도 말하기 중추와 표현을 담당하는 운동 영역이 활성화된다는 것입니다. 이게 무슨 말인가 하면, 소리를 듣는 순간 이미 말할 준비를 마쳐서 입이 근질거린다는 거예요. 그러니 듣기와 말하기를 따로 연습한다는 것은 인간의 뇌가 어떻게 작동하는지를 모르는 무지한 교습법일 수밖에 없다는 뜻이죠. 또한 복명복창이 언어 학습에 정말로 효과적이라는 뜻이기도 하고요. 그러므로 영어를 익힐 때는 들었으면 자신도 따라 해야 하고, 따라 할 때는 반드시 큰 소리로 말해야 합니다.

메타쉐도잉의 뇌과학 2:
읽는 뇌

그렇다면 읽기의 과정은 어떨까요? 흥미로운 사실은 우리 인간의 유전자, 특히 눈과 시신경은 뜻밖에도 읽기를 위해 진화한 것이 아니라는 점입니다. 읽기는 좀더 복잡하며, 동시에 여러 가지 일을 처리하는 과정입니다. 복잡해 보이는 꼬불꼬불한 형상들의 조합을 언어로 변환하고 이해하려면 두 가지가 필요하기 때문이죠. 하나는 그 형상에 해당하는 발음이고, 다른 하나는 그 형상에 대한 이미지 또는 뜻입니다.[7]

'phoenix'를 예를 들어볼까요? 이 단어를 이해하기 위해선 우선 이 형상의 발음에 해당하는 '피닉스'를 알아야 하고, 두 번째는 '피닉스'의 뜻인 불사조, 일명 '죽지 않는 새'라는 의미가 필요합니다. 성인에게는 이런 두 가지 읽기 경로가 존재하고, 둘 다 동시에 서로를 강화합니다. 소리 내 읽는 경로(phonological route)와 문자열에서 의미를 직접 파악하는 경로인 어휘 경로(lexical route)가 동시에 활성화되며, 깊은 수준에선 단어의 발음에 관한 정보가 자동으로 인출되기도 하죠.

앞서 언급한, 발음을 만들어내는 기관인 말하기 중추, 즉 브로카 영역이 바로 여기에 해당합니다. 또한 발음을 인출하려면 애초에 그 발음을 알고 있어야 하기에 당연히 베르니케 영역도 빠질 수가 없죠. 읽기만 했는데 듣기와 말하기 중추가 동시에 활성화된다는 얘기입니다. 이 과정을 좀더 자세하게 살펴보겠습니다.

○ ○ ○ ○ ○

문자의 재발견, 악보: 읽기만 해도 음악(발음)이 연주된다

우리가 글을 읽을 때는 글자의 생김새를 파악하는 '각회(angular gyrus)'와 그 뜻을 파악하는 '문자 상자(복측 후두-측두 영역)'가 작동합니다. 이후 그와 관련된 정보들을 듣기 중추인 베르니케로 넘깁니다. 그다음부터는 들을 때와 마찬가지로 음성 정보가 신경고속도로를 타고 브로카 영역에서 발음을 생성한 후, 이를 발화하는 영역인 1차 운동 영역으로 이동해 대뇌 안에서의 여정은 마무리됩니다. 쉽게 말하면, 단어를 읽기만 했는데도 단어의 뜻뿐만 아니라 소리와 이미지까지 동시에 활성화된다는 겁니다. 이런 사실을 처음 발견했을 때 저는 참으로 큰 충격을 받았습니다. 제게 일어난 빙빙 현상의 실마리를 푸는 강력한 열쇠가 될 수 있으리라고 생각했어요.

정리하자면 이런 뜻입니다. 정확한 발음으로 빠르게 소리 내 읽어 내려가면 뇌 안의 베르니케와 브로카가 움직이는데, 읽어 내려가는 큰 소리의 자극이 더해지면 안 그래도 자동으로 움직이는 베르니케와 브로카를 더욱 자극해 일종의 시너지 현상을 일으킨다는 거죠. 이러한 뇌의 언어 처리 메커니즘의 발견은 앞으로 본격적으로 소개할 메타쉐도잉과 크레이지 스피킹을 포함하는 광속 영어 엔진의 핵심 모티브가 되었습니다.

말하자면 자막을 리스닝의 보조 도구로만 이용하는 기존 쉐도잉의 한계를 넘는 것은 물론, 영어라는 음악을 연주하는 악보라는 관점으로 발상의 혁명적 전환이 일어난 것인데요. 자막과 원어민의 발음을 학습자의 뇌에서 자신의 발음과 정확히 일치시키는 훈련을 거듭함으로써, 나중에 문장을 눈으로 읽을 때조차 마치 악기가 연주되는 것처럼 원어민의 발음을 정확히 구사하도록 만드는 것입니다. 이 훈련이 되면 영어 원서를 읽을 때마다 뇌에서 정확한 원어민 발음이 연주되고 뇌에 새겨집니다.

이 기억은 눈과 귀와 입을 관장하는 세 가지 언어 중추의 유기적인 조합으로 이루어지는 것으로, 그 결과 교수의 강의를 들을 때와 이를 요약하여 발표할 때 그리고 이를 요약하여 기록할 때 모두 원어민 학생과 다름없는 스킬을 구사할 수 있게 되는 것입니다.

메타쉐도잉의 뇌과학 3:
말하는 뇌

앞에서 듣기와 읽기를 통해 듣기 중추인 베르니케 영역과 말하기 중추인 브로카 영역 그리고 언어를 발화하는 데 필요한 운동 영역이 모두 활성화된다는 사실을 설명했습니다. 쉽게 말해, 언어를 보고 듣기만 했을 뿐인데 이미 말할 준비를 마쳤다는 것이죠. 그렇다면 말하기가 도대체 어떤 과정이기에 듣기와 읽기가 이렇게 깊이 연관돼 있을까요?

말하기는 듣기를 통해 습득됩니다. 우선 시각적 이미지(원시적으로는 문자가 아니라 산이나 들, 어머니나 아버지 같은 자연과 인간의 색과 형상)와 결부시켜서 단어에 대한 작은 규칙성을 익히죠. 눈에 보이는 형상과 그에 해당하는 소리를 일대일로 대응시킬 수 있는 규칙성을 배우는 겁니다. 이것이 나중에 문자의 기본이 되었고, 인간이 문자를 발명하게 되자 문자와 소리를 일대일로 대응하는 방법으로 규칙을 습득하게 됐죠.

습득한 단어가 많아지면 점차 그 단어를 조금씩 변형해서 단어들을 연결하는 법을 익히게 됩니다. 자신의 의사를 좀더 풍부하게 표현할 수 있게 되면, 그때부터는 습득되는 언어가 폭발적으로 증가합니다. 자신의 표현에 대해 피드백을 받고 반복적으로 말하게 되면 일종의 관습적 패턴이 형성되며, 그것에 따라 단어를 배열하는 법을 익히게 됩니다. 바로 문법의 형성이죠.[8] 그러므로 유아에 가까운 어린이보다는 오히려 20~30대 청년에 근접할수록 성인의 옹알이에서 더 유리한 고지를 확보하는 셈이지요. 성인의 옹알이에서는 유치원이나 초등 저학년보다 오히려 40대가 더 나을 수도 있습니다. 따라서 만 6세부터 12세까지를 영어 교육의 최적기로 보는, 이른바 영어 교육의 골든 에이지 이론은 유아의 옹알이를 기준으로 한 낡은 이론이므로 이제는 마땅히 폐기되어야 합니다.

자신의 목소리야말로 가장 강력한 피드백이다

외국어를 배우는 성인이나 모국어를 습득하는 유아를 포함해서 말을 하는 모든 사람은 매 순간 단어를 조음하면서 다음 단어를 선택하고, 무슨 말을 하려는지 보다 광범위하게 생각하며, 하려는 말에 필요한 문법적 관습들을 알아내는 등의 일을 합니다. 즉, 단어를 문법에 맞게 배열하는 것 아니라 단어를 선택하기 전에 단어들을 배열할 순서를 먼저 선택하는 겁니다. 쉽게 말해서 문법이라는 틀에 단어를 집어넣어서 말을 하는 거죠.[9]

여기서 말하는 '문법'은 우리가 학교에서 배웠던 그 문법이 아니라 '대상들에 대한 축적된 경험을 반영하는 뉴런의 활성화 패턴', 즉 습관을 가리킵니다. 저의 경우에는 초등학교 6학년 때 익혔던 560문장이 바로 저의 영어 문법이 되겠지요. '주어 + 동사' 순으로 말한다고 할 때 어떤 것을 주어 자리에 놓고 어떤 것을 동사 자리에 놓을지를 이미 학습된 패턴에 집어넣는다는 뜻입니다.

이런 패턴을 오래 기억하려면 반복 입력과 피드백이 필수적으로 선행되어야 합니다. 유아기 때는 부모님이나 선생님, 친구들의 끊임없는 피드백을 통해서 언어를 습득합니다. 내 표현이 상대방에겐 어떻게 받아들여지는지, 그때 상대방의 말이나 행동이 나의 표현과 얼마나 부합하는지 등 눈과 귀로 받아들여지는 모든 정보를 조합하는 거죠.

하지만 이제 막 언어를 배우는 아기에 비해 성인인 우리는 가장 효과적인 피드백 수단을 하나 더 지니고 있습니다. 바로 우리 자신입니다. 우리는 자신을 관찰함으로써 어떤 단어가 생각이 안 나고, 어떻게 말을 만들어내며, 어떤 단어에서 혀가 꼬이고 연음이 안 되는지 알 수 있습니다. 내가 무엇을 모르는지 아는 상태, 즉 자신을 철저하게 객관화하는 메타인지를 통해 주변 환경에서 주는 것보다 훨씬 즉각적으로, 훨씬 강력하게 피드백을 받을 수 있습니다. 이것이 메타쉐도잉의 원리입니다.

메타쉐도잉을 하면서 자신과 끊임없는 피드백이 가능한 이유는 첫째, 현재 학습하고 있는 음성 및 자막이 나에게 절대적이기 때문입니다. 여기저기, 이곳저곳에서 듣고 따라 하고 적용하기를 반복할 필요 없이 지금 현재 화면에 보이는 것에만 집중하면 되기 때문입니다. 둘째, 자신에게 제일 익숙하고 알아듣기 쉬운 소리는 다름 아닌 자기 목소리이기 때문입니다. 실제 대화 상황에선 상대방 발음이 잘 안 들린다고 하더라도 몇 번이고 다시 말해달라고 할 순 없는 노릇이죠. 하지만 자기 목소리와 자막과 음성이 있는 교재를 대상으로 한다면 될 때까지 몇 번이고 반복할 수 있고, 자기 목소리는 못 알아들을 일이 없으니 완벽하게 자신만을 위한 전담 영어 선생님인 거죠.

> **알아듣지 못하는 말은 자신도 발음할 수 없다.**

　지금까지 듣기, 읽기, 말하기가 유기적으로 연결되어 있다는 사실을 살펴봤습니다. 그리고 듣기와 읽기 같은 신호의 입력은 반드시 언어의 표현을 동반한다는 것을 확인했고, 말하기에서는 반복 입력된 패턴을 활용해 단어를 순간순간 배열한다는 결론에 다다랐습니다. 그리고 우리의 인지 능력은 자신을 충분히 객관화함으로써 타인과는 또 다른 피드백을 줄 수 있다는 것 또한 잘 알게 되었습니다.

　그렇다면 읽기와 듣기, 말하기와 관련하여 일반적인 뇌의 처리 능력을 획기적으로 증폭시켜 반복적인 입력 과정을 확 줄일 방법은 없을까요? 그 비결을 알고 싶다면 4장을 참고하세요.

메타쉐도잉의
'경이로운 클라쓰'

책을 쓰는 과정에서 여러분이 원고를 검토해주셨습니다. 그중 한 분이 "다른 영어 학습법 책과 확실한 차이가 뭐예요?"라고 물으셨습니다. '앗!' 순간적으로 멘붕이 왔어요. 이 정도면 세상에 없던 영어 학습법을 내놓는 거라고 나름대로 어깨가 으쓱해져 있는데 이게 무슨 말인가 싶었습니다. 그리고 이내 든 생각이, 아무리 뛰어난 학습법이라 하더라도 차별점을 확실히 제시해주어야 한다는 것이었습니다. 책에 쓰여 있지 않으면 독자들이 알 도리가 없으니까요. 그래서 핵심적인 내용을 정리해봤습니다.

입으로 귀를 뚫는다

아무리 빠른 말이라도 알아들을 수 있는 영어 듣기의 극한을 경험하게 됩니다. 영어 듣기의 관건은 연음이라고 하죠. 연음 문제를 해결하려면 미국 가서 원어민과 3년 이상 어울려야 한다고 말할 정도로 상당히 까다로운 부분입니다. 그래서 국내 영어 교육계에서 이 점을 보완하기 위해 고심하고 있죠. 하지만 단순한 쉐도잉만으로는 연음을 알아듣게 하기가 상당히 어렵습니다.

메타쉐도잉은 기존 쉐도잉의 문제점을 간파하고, 이를 뇌과학적으로 접근하여 풀어낸 영어 학습법입니다. 팝콘 플레이어 앱이 여기에 큰 도움을 주는데요. 자막을 기본 단위로 하여 반복 재생할수 있고, 조작도 아주 간편합니다. 너무 빨라 알아듣기 힘든 문장은 플레이 도중에도 실시간으로 스피드를 단계적으로 조절할 수 있어요. 그런 다음에는 팝콘 리더를 통해 자신의 발음 스피드를 점차 높여서, 나중에는 원어민보다 빠른 스피드로 정확히 말하게 됩니다.

이 과정을 거치면 귀로 들으면서 이해하는 수준이 빠르게 발전하게 되는데, 나중에는 원어민의 발음 습관을 이해하고 스스로 구사할 수 있는 경지에 이르게 됩니다. 그런 상태에 이르면, 자신이 한 번도 들어보지 못한 새로운 단어를 제외하고, 아무리 빠른 말도 어렵지 않게 알아들을 수 있습니다.

○ ○ ○ ○ ○

원어민보다 더 빠르게 말할 수 있다

알아들은 말을 그대로 받아칠 수 있고 토킹 스피드가 원어민보다 더 빨라지는, 영어 말하기의 극한을 경험하게 됩니다. 들은 말을 그대로 받아치는 것은 원어민에게도 쉬운 일이 아닙니다. 또 알아들었다고 해서 누구나 복창을 할 수 있는 것도 아니죠. 상대방이 한 말을 듣고 그대로 따라 하는 것은 바로 군대의 명령 전달 시스템입니다. 명령이 정확히 전달되고 시행되는 것이 무엇보다 중요한 군대에선 복창이 필수적입니다.

메타쉐도잉은 자신의 목소리를 활용하여 정확히 알아듣는 연습을 하는 독특한 학습 방법입니다. 원어민의 문장 발음을 정확히 따라 하는 과정에서 알아듣는 능력이 저절로 습득되므로 그 말을 받아치는 것쯤은 일도 아니죠.

그리고 다음 과정인 크레이지 스피킹을 통해 토킹 스피드를 엄청나게 높입니다. 녹음된 원어민의 말 속도보다 2배 이상의 스피드로 말할 수 있게 되죠. 크레이지 스피킹을 완료하면 뇌의 이런저런

간섭을 받지 않고 영어가 입에서 저절로 튀어나오는 경험을 하게 됩니다.

시험 볼 때 시간이 남아돌게 된다

한마디로, 영어 독해의 극한을 경험하게 됩니다. 한국의 기존 영어 학습에서는 독해의 비중이 압도적이죠. 그런데 독해 역시 읽기라는 말로 접근할 경우 완전히 다른 뇌과학적 해석이 가능한 영역입니다. 만일 학습자가 원어민과 비슷한 정도의 문장 발음이 되는 사람이라면 읽기만 잘해도 듣기와 말하기에 전혀 어려움을 느끼지 않게 됩니다. 왜냐하면 문자에는 반드시 발음이 들어 있기 때문이죠.

마찬가지로 단어들이 문장을 이룬 글들을 읽으면, 뇌에선 말하기 중추와 듣기 중추가 거의 동시에 활동해서 문자에 해당하는 소리를 서로 주고받습니다. 이를 빨리하는 것이 속독입니다. 성인의 옹알이에서도 속독은 기본입니다. 메타쉐도잉을 통해서 문장 발음을 익힌 학습자는 발화 속도를 높이는 과정에서 바르고 빠르게 읽는 정속독을 자연스럽게 익히게 됩니다. 이때의 속독은 발음을 제대로 하지 않고 하는 기존의 묵독과는 차원이 다릅니다.

글을 읽을수록 내용을 금세 파악할 수 있으며, 빠르게 읽을 때도 내용 요약은 물론이고 전체 콘텐츠가 한 덩어리로 뇌에 들어오는 신기한 경험을 하게 됩니다. 뇌과학적으로도 읽는 것이 따라 말하는 것과 비슷한 학습 효과가 있다는 사실이 뒷받침됩니다.

○○○○○
예습·복습이 필요 없다

메타쉐도잉은 시작한 자리에서 완전히 끝내는 방식입니다. 따로 시간을 내서 예습을 하거나 복습을 할 필요가 전혀 없죠.

일반적으로는 수업을 1시간 들었으면 적어도 3시간 이상은 복습해야 한다고 말합니다. 수업과 복습의 비율이 1:3이라는 얘기입니다. 여기에 예습도 해야 합니다. 예습을 하면 수업이 뭔가를 새로 배우는 시간이 아니라 일종의 복습 시간이 되므로, 망각의 정도를 완화하는 방법이라고 하죠. 전혀 근거가 없는 것은 아니지만 너무 많은 노력을 해야 한다는 것이 문제입니다.

메타쉐도잉은 읽고 듣고 말하는 과정이 한꺼번에 일어나 뇌가 3배로 활성화되고 서로 시너지를 일으키는, 자기가 자기를 가르치는 메타인지 학습이 저절로 일어나는 학습법입니다. 남을 가르치는 사람은 복습을 하는 사람보다 더 완벽한 복습을 한다는 것이 이미 잘 알려진 뇌과학적 이론입니다. 메타쉐도잉에서는 듣기·말하기·읽기를 통해 자신을 가르치며 익히는 완전학습이 이뤄지므로, 따로 복습을 하지 않아도 회를 거듭할수록 학습 내용이 자동으로 누적 복습이 됩니다.

○ ○ ○ ○ ○

단어를 따로 암기할 필요가 없다

단어가 문장과 함께 생생하게 저절로 익혀지므로 애써 단어를 따로 암기할 필요가 없습니다. 6장에서 좀더 자세히 설명하겠지만, 팝콘 리더 앱의 기능 중에는 주석이 포함된 단어를 자동으로 팝업한 후 사라지게 하는 자동 주석부 기능이 있습니다. 이 기능을 활성화하면 미리 정해둔 단어(중요하거나 어려운 단어)가 나타날 때 한글 해석이나 뜻 등의 주석이 '덜컥' 하고 열렸다가 다시 닫히면서 일종의 잔상 효과를 남깁니다. 메타쉐도잉 초기에는 문장의 발음을 익히는 과정에서 덜컥이를 작동해 모르는 단어를 뜻과 함께 큰소리로 따라 읽게 됩니다. 이 과정을 세 번 정도 반복하면 문장 속에서 단어의 발음과 뜻을 정확히 알게 되고 잊어버리지 않게 됩니다. 메타쉐도잉에서는 문장과 그 해석을 동시에 학습하는 과정을 반복하기 때문에 잊고 싶어도 못 잊는 상황이 되는 거죠.

어때요, 이렇게 암기하는 것이 가장 자연스러운 방법 아닌가요?

한국어를 쓸 때를 한번 생각해봅시다. 당신은 국어 공부를 어떻게 하셨나요? 단어 외우고 문장 읽었나요? 아마 아닐 겁니다. 단어 하나하나를 따로 공부하기보다 문장 안에서 의미를 이해했을 거예요. 혹시 국어책 본문 읽다가 정말 어려운 단어가 나오면 그것만 따로 찾아보거나 선생님께 질문했을 테고요. 영어도 마찬가지입니다. 단어를 만나면 관련 문장이 생각날 정도가 되어야 진짜 그 단어를 활용할 수 있습니다.

○ ○ ○ ○ ○

영어를 입으로 술술 말하게 된다

영어가 입에서 저절로 나오는 암기의 극을 경험하게 됩니다. 일반적으로 문장을 암기하려고 한다면 맨 첫 문장부터 시작하기 마련이고, 머리로 암기하는 것이 보통이죠. 그러나 금세 한계에 부딪히고 맙니다. 문장이 계속 추가되는 셈이니 갈수록 머리가 무거워지겠죠. 게다가 중간이나 뒤쪽 문장에 주의를 기울이다 보면 앞을 까먹고, 뒤에 신경 쓰다 보면 앞을 까먹는 모순에 빠지기 쉽습니다. 이런 모순을 극복하기 위해 시중에 많은 암기법이 나와 있죠. 뇌는 이런 얕은꾀에 속기도 하지만, 뇌가 일하게 하려면 뇌를 근본적으로 속여야 합니다.

잠깐, 뇌를 속인다는 게 가능한 일일까요?

당신이 자신을 속이면 됩니다. 즉, 외우려 한다는 의도 자체를 갖지 않는 거죠. 외운다는 생각을 일절 하지 않고 메타쉐도잉을 하면서 전체 내용이 뇌에 저절로 스며들게 하는 겁니다. 저는 이것을 수채화에 비유하기를 좋아하는데요. 물감을 여러 번 연하게 덧칠하는 과정에서 전체 그림이 드러난다는 점이 메타쉐도잉과 상당히 비슷하기 때문입니다. 또 메타쉐도잉은 암기가 아니라 수영이나 자전거 타기처럼 몸이 기억하는 체화에 가깝습니다.

뇌가 부담을 가진다는 것은 그만큼 힘을 소모한다는 뜻으로, 이는 암기 자체와는 전혀 관계가 없는 헛된 에너지 소모에 불과합니다. '순간적인 몰입'과 '스피디한 진도' 이 두 가지가 필요한데, 진도를 이끄는 것은 관성의 법칙과 호기심입니다. 뇌를 속이는 것은 관성을 방해하지 않고 뇌에 피로감을 주지 않기 위해서입니다.

말하기·듣기·읽기를 동시에 하기만 해도 암기는 저절로 되므로, 뇌에 부담이 더해지지 않도록 외운다는 생각을 의도적으로 지워야 합니다(4장 '단기기억력을 극대화하는 순간암기와 망각의 힘' 참조).

○ ○ ○ ○ ○
까먹은 영어를 즉시 복구한다

혹시 까먹었다고 하더라도 학습 시간보다 훨씬 적은 시간을 들여 완벽하게 복구할 수 있습니다. 사실 이것이야말로 심각한 문제인데도 아무도 신경 쓰지 않는다는 것이 저로서는 정말 의아합니다. 아무도 공론화하지 않는 것은 물론이고 '까먹으면 그만이지, 뭘어쩌라고?' 하는 태도를 보이는 게 일반적입니다.

일본어 교재 중에 오랫동안 기억에 남아 있는 제목이 있는데 『3년 배운 일본어 3일 만에 따라잡기』라는 것입니다. 내용은 모르지만 제목이 참 재미있지 않은가요? 이 제목을 존 비틀어보겠습니다. '10년 배운 영어는 어디서 얼마 만에 복구해주나?'

저는 잊어버린 영어를 원래대로 복구해주는 커리큘럼을 운영한다는 기관을 보지 못했습니다. 있을 리가 없죠. 10년 배운 영어를 복구하려면 10년이 더 걸릴 수도 있고, 그럴 능력을 갖춘 선생님도 없을 테니까요. 애초부터 학원이나 선생님은 가르치는 것으로 제 임무를 다한 것이고, 복구는 학습자의 몫이라고 알려져 있으니까요. 저는 이처럼 모두가 가르치고 배우는 것만 생각하고 잊어버릴 걱정을 하지 않는다는 게, 사실은 잘 가르칠 걱정만큼 큰 문제라고 생각합니다.

어떤 콘텐츠를 완벽히 구사할 수 있었는데 세월이 지나 써먹지 않다 보니 싹 잊어버렸다고요? 걱정 접어두고 다시 하면 됩니다. 그러면 이번에는 전보다 훨씬 쉽고 빠르다는 것을 알게 될 겁니다. 이미 체화되어 있는 것을 확인만 하면 되기 때문입니다.

제가 트럼프의 연설 동영상을 올린 지 2년이 훌쩍 지났습니다. ESL(4장 참조)을 실험하느라 다시 해보면서 많이 까먹었다는 사실을 알게 됐습니다. 내용을 모두 기억하기는커녕 중간중간 안다고 생각했던 것들조차 실제로 해보니 가물가물한 거예요.

이럴 때 저는 또 낙천적입니다. '그래, 다 까먹었다 이거지. 잘됐네. 이걸 복구하는 데 얼마나 걸릴지를 알아볼 좋은 기회야' 하고는 당장 시작했습니다. 메타쉐도잉부터 크레이지 스피킹까지 정확히 8시간이 걸렸습니다. 보름 걸려 만든 연설 동영상을 그대로 재현하는 데 하루 4시간 잡고 이틀이 걸린 거죠. 7분의 1에서 8분의 1 정도의 시간 만에 완벽하게 복구에 성공한 겁니다(이 실험의 결과는 4장 'ESL의 효과는 어떨까: 실제 체험기'를 참고하세요).

또 다른 에피소드도 있습니다. 제가 아는 어떤 분이 영어를 잘하는데 일본어가 필요해졌습니다. 예전에 6개월 정도 배워 초급 수준은 됐답니다. 그런데 3개월 정도가 지나니 다 까먹었어요. 별로 드문 일도 아니지만, 어쨌든 이분은 일본어를 써먹을 일이 생겨서 난감했죠. 그래서 10일 만에 일본어 초급을 가르친다는 어떤 분을 찾아가 이렇게 말했다고 해요.

"저…, 너무 빨리 배우면 너무 빨리 까먹지 않을까요? 저는 6개월 배운 걸 3개월 만에 다 까먹었는데, 이걸 복구하는 학원도 없고 처음부터 다시 하라니 그렇게 할 수도 없고…. 참 난감합니다."

상대방이 이렇게 답하더래요. "뭐 잊어버리는 것은 어쩔 수 없으니, 안 잊어버리게 할 수 있다 같은 말은 못 하겠네요. 그런데 10일 배운 걸 복구하는 데 대체 얼마나 걸릴 것 같아서 그렇게 걱정하는 건가요?"

잠시 침묵이 흐른 다음 지인이 환한 얼굴로 이렇게 말했답니다. "당장 합시다, 까짓거. 10일 배운 거 다 까먹고 다시 해봤자 5일이면 되겠죠, 뭘. 안 그래요?"

상대방이 덤덤하게 말하더래요. "2일이면 되는데요?"

이 둘의 대화에서 뭐 느껴지는 것 없으세요? 그렇습니다. 잊어버리는 것은 누구에게나 어쩔 수 없이 일어나는 현상입니다. 문제는 복구 프로그램이 있는가 하는 거죠. 만일 두 사람이 각기 다른 선생님에게 영어를 배운다고 하고 3년을 공부해서 영어를 잘할 수 있었다고 할 때, 나중에 다 잊어버렸다면 복구 프로그램이 있느냐 없느냐에 따라 두 사람의 영어 실력은 큰 차이를 보일 것입니다. 제 사례를 소개했듯이, 메타쉐도잉은 까먹은 영어를 거의 즉시 복구해줍니다.

모든 언어의 정복자 메타쉐도잉

메타쉐도잉은 중국어나 일본어를 정복할 때도 탁월한 효과를 발휘합니다. 지금까지 이 방법으로 중국어 신HSK 5급 시험에 합격한 사람은 총 13명입니다. 그중에는 앞에서 이야기한 것처럼 저희 가족 4명이 있고, 그 외에 청년이 3명, 50~60대 장년이 5명, 마지막 한 분은 80세의 노인이었습니다. 이 중 3명을 빼고 나머지 10명은 중국어를 난생처음 접해본 사람들이었습니다.

신HSK 5급에는 작문과 독해는 물론 팅리(聽力)라고 하는 리스닝 시험이 있는데요, 애초에 불가능한 도전이었습니다. 한 예로 당시 제 할아버지는 고령에 암 치료를 받으신 지 얼마 안 됐을 때였고 이미 공부에 손을 놓은 지 50년도 넘은, 그야말로 할아버지셨습니다. 공부는 고사하고 책을 다 읽기도 힘들어하셨으며 돌아서면 다 까먹는다고 하소연하시던 분이었죠. 그런데 한 달도 안 돼서 "어, 그래도 기억나는 것도 있네. 허, 참…"을 연발하더니 3개월 반 만에 합격하셨고, 연이어 교사 자격증도 취득하셨습니다.

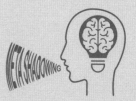

4장

광속 영어 엔진,
E = AC²

METASHADOWING

빛의 속도로 폭주하는
광속 엔진을 장착하라

아인슈타인은 질량이 에너지로 변환될 수 있음을 밝혀냈으며, 빛과 시간의 관계를 최초로 규명한 천재 과학자입니다. 그가 만든 유명한 방정식 'E = mC²(질량-에너지 등가 방정식)'에 따르면, 아주 약간의 질량(m)만으로도 빛의 속도의 제곱(C²)에 준하는 어마어마한 에너지를 방출할 수 있다고 합니다. 또한 그가 밝혀낸 특수상대성 이론에 따르면 다음과 같은 일이 일어난다고 하죠.

> **빛의 속도로 달리면, 주변 시간이 상대적으로 매우 느려진다.**

저는 아인슈타인의 질량-에너지 등가 방정식과 상대성이론에서 착안해 'E = AC²'이라는 수식을 만들어냈습니다. 영어에서는 문장 단위의 자막을 기반으로 한 성인의 옹알이(메타쉐도잉)를 통해 발음을 정확하게 익히고 나면 '발화 속도'가 매우 결정적이라는 사실을 좀더 직관적으로 표현한 수식입니다.

> **영어(English) = 정확성(Accuracy) · 일정 속도(Constant Speed)²**

여기서 A는 정확성(Accuracy)으로, 메타쉐도잉을 통해 획득한 문장의 정확한 발음을 의미합니다. 그렇다면 C는 무엇일까요? 아인슈타인의 질량-에너지 등가 방정식에서는 일정 속도(Constant Speed)로, 환경과 상관없이 변하지 않는 자연계의 절대 속도인 빛의 속도를 가리키죠. 광속 영어 엔진의 방정식에서는 문장 발화 속도의 2배, 즉 토킹 스피드에 대응됩니다. 발화 속도는 곧 두뇌의 처리 속도이고, 이는 곧 생각의 속도니까요. 빛의 속도와 가장 근접한 속도라고 볼 수 있기 때문에 이를 영어 학습법에 적용해본 것입니다.

물론 물리학적으로 입증된 학설은 아닙니다. 그렇지만 일단 써놓고 보니 좀 근사해졌습니다[참고로, 식에서 'E'는 영어(English) 와 효율성(effectiveness)이라는 중의적인 의미로 썼습니다]. 내 생각을 이렇게 간단한 수식으로 표현할 수 있다니! 사람들은 지금까지 이 빛의 속도를 우주여행 분야라든지 시간여행을 하는 타임머신과 같은 물리학적 상상이나 SF영화 같은 공상과학 소설 분야에 적용해왔습니다. 그런데 발상을 전환해 빛의 속도를 생각의 속도라고 바꿔보니 이 또한 그럴듯하지 않습니까?

이 방정식이 바로 시간을 거슬러 인간의 뇌를 원어민의 뇌로 즉각 변화시켜줄 영어의 광속 엔진입니다. 영어를 배우고자 하는 모든 사람의 꿈속에서만 존재하던 경이로운 엔진의 설계도를 여기서 공개합니다.

이 엔진은 누구나 만들 수 있고, 영어뿐 아니라 어떤 언어에 적용해도 똑같은 효과를 발휘합니다. 마치 RNA라는 단백질 설계도처럼, 당신의 뇌 속에서 실체 없이 존재하는 광속 영어 엔진을 끊임없이 복제해냅니다. 재료는 이미 당신의 뇌 속에 있고 제조법과 사용 설명서는 이 책에 있습니다. 부차적 재료인 콘텐츠는 웹상에 널려 있고요. 영어 학습에 필요한 모든 도구가 이토록 가까이에 있으므로, 이제 영어 지옥에서 탈출할 날이 얼마 남지 않았습니다.

그럼 이제부터 당신의 뇌에 이 엔진을 장착해볼까요? 식을 다시 한번 보겠습니다.

영어(English) = 정확성(Accuracy) · 일정 속도(Constant Speed)^2

이 엔진은 정확성과 빛의 속도의 제곱으로 이루어져 있습니다. 여기서 빛의 속도(생각의 속도)는 우리가 자기 생각을 겉으로 드러낼 수 있게 표현하는 것으로, 읽기와 말하기의 속도를 가리킵니다. 그중에서도 말하기 속도를 효과적으로 높일 수 있는 수단이 있는데요, 저는 이를 '크레이지 스피킹'이라고 이름 붙였습니다(뒤에서 자세히 다룹니다). 더불어 속독, 즉 빨리 읽기 능력은 기본적으로 장착되고요.

그럼 이 능력을 어떻게 획득하고 증폭시킬 수 있는지 구체적으로 알아볼까요?

○ ○ ○ ○ ○

A: 먼저 정확하게 듣고 발음하기

A는 원어민의 문장 발음을 정확히 듣고 따라 할 수 있는 능력을 말합니다. 지금까지 저는 이 A를 확보하는 효과적인 수단으로 메

타쉐도잉을 소개했는데요. 이 새로운 학습법을 제대로 소화하려면 당연히 전용 학습 장치가 필요합니다.

저는 시중에 나와 있는 대부분 영어 학습법 책이 사람의 맨몸과 지능 그리고 책 한 권만을 가지고 이렇게 해봐라, 저렇게 해봐라 한 것에 불과하지 않나 하는 불만을 가지고 있었습니다. 프롤로그에서 이야기했듯이, 처음 영어 공부를 할 때 저는 당시로선 첨단 기기였던 자막 MP3 플레이어의 도움을 받았습니다. 우리 뇌는 아날로그만큼 디지털을 좋아합니다. 애써 구별하지 않아요. 디지털의 다양한 신호를 그대로 받아들이고 즐길 뿐이지요. 더구나 지금은 세월이 흘러 디지털이 대세인 4차 산업 시대잖아요.

왜 이런 첨단 기술들을 영어 학습에 제대로 이용하지 않을까요? 아마도 현재 사교육계의 현실상 아날로그 기술이 교육자의 수익 창출에 조금이라도 유리하기 때문은 아닐까요? 또 어쩌면 엔지니어는 교육을 모르고, 교육자는 엔지니어링을 이해하지 못해서일 수도 있겠지요. 그래서 엔지니어이자 영어 교육자로서 뇌과학을 전공한 제가 한번 나서보기로 한 겁니다.

학습 이론이 있으면 반드시 그에 따른 학습 도구가 존재해야 합니다. 그렇지 않으면 공염불로 끝나고 맙니다. 그래서 저는 메타쉐도잉 전용 학습 도구를 앱으로 개발했습니다. 당신은 제가 공부한 방법 그대로 메타쉐도잉으로 영어 발음을 정확히 듣고 말하는 방법을 터득하게 될 것입니다(이 앱의 특징과 기능은 6장에서 자세히 설명합니다).

이런 수단을 활용하면 궁극적으로 원어민의 문장 발음 수준에 빠르게 도달할 수 있을 뿐 아니라 강세, 연음, 연관어 등을 원어민에 가깝게 구사할 수 있습니다.

○ ○ ○ ○ ○

C: 말하는 속도를 빠르게 끌어올리기

지금까지 발표된 영어 학습 방법 중 어떤 것에서도 토킹 스피드를 빠르게 하는 방법은 제시되지 않았습니다. 아무도 언급조차 한 적이 없더군요. 심지어 저 유명한 『말하는 뇌』에서조차 이에 대한 구체적 언급이 없어요. 하지만 원어민이 영어 말하기를 평가하는 항목에는 발음, 연음, 억양(intonation)과 함께 반드시 토킹 스피드가 포함돼 있습니다.

발음·연음·억양은 메타쉐도잉의 훈련 영역이고, 토킹 스피드는 크레이지 스피킹의 훈련 영역입니다. 이것이야말로 이 책이 어떤 영어 학습서보다 앞서고 차별화되는 점이기도 합니다. 아니, 인류 교육 역사를 통틀어 누구도 제대로 건드려본 적이 없는 미지의 영역이라고 할 수 있습니다. 보통은 글을 많이 쓰다 보면 자신의 글씨체가 생기고 더 빨리 써지듯, 말도 저절로 빨라지고 유창해진다고 생각하죠. 하지만 그렇지 않습니다. 에베레스트를 오르고 싶다면 처음부터 에베레스트를 목표로 하라고 말씀드렸잖아요. 떠듬떠듬 말하면서 영어를 배운 사람은 절대 영어를 유창하게 구사하지 못합니다. 떠듬떠듬 말한다는 것은 뇌가 개입해서 문법적 검열을 하는 것으로, 이 습관이 굳어지면 말하기에서 뇌를 떼어내기는 상당히 어렵습니다. 이 책에서는 왜 그런지에 대한 배경 이론뿐 아니라 실제로 효과를 낼 수 있는 학습법까지 정확히 제시하고 있습니다.

또 토킹 스피드는 유아의 옹알이 과정에 아예 없는 항목이기도 합니다. 알다시피 유아의 옹알이는 천천히 단순한 문장을 받아들이는 것이 목표지만, 성인의 옹알이는 뉴스 청취, 회의, 발표, 강의 등의 상황에서 고급 영어를 정확히 구사하는 것이 목표입니다. 따라서 토킹 스피드는 성인의 옹알이 훈련 영역인 거죠.

그러려면 남이 하는 속사포 같은 말을 알아들을 수 있어야 하는데, 남이 빨리 말하는 것을 이해하기 위해 노력하는 것보다 스스로 빠르게 말하는 것을 연습하는 편이 훨씬 더 효과적입니다. 왜냐하면 자신이 말할 수 있는 언어는 100퍼센트 알아들을 수 있기 때문이죠. 물론 말만 빠르게 하는 것은 아무 의미가 없습니다. 그에 앞서 메타쉐도잉을 통해 확보한 발음이 정확해야 하죠. 따라서 정확성(A)이 속도(C)의 전제조건이 됩니다.

그러면 어떻게 해야 빨리 말할 수 있을까요?

메타쉐도잉을 끝낸 사람들을 위한 크레이지 스피킹 전용 학습 도구도 뒤에서 소개합니다. 메타쉐도잉이 끝났다는 것은 그 교재의 문장을 보면 원어민의 정확한 발음이 저절로 튀어나온다는 얘기입니다. 이 정도가 되면 영어 속독 기능을 기본으로 가진 전용 앱인 팝콘 리더를 만나볼 때입니다. 이 앱은 휴대전화나 태블릿에서 구동되며, 다양한 기능을 활용해 속독 훈련을 할 수 있는 e-book 전용 뷰어입니다. 일단 속독 모드가 가동되면 읽는 속도가 점점 빨라지게 되어 있어 저절로 속독이 되는데, 이를 눈으로만 읽지 않고 큰 소리로 따라 말하며 읽어 내려가는 방식입니다. 다시 강조하지만, 이때의 큰 소리는 원어민의 발음, 즉 정확한 발음이어야 합니다.

메타쉐도잉을 완성한 사람이 크레이지 스피킹을 하면 완전히 다른 차원으로 돌입하는 경험을 하게 됩니다. 어떻게 다르냐고요? 한마디로, 빛의 속도로 폭주합니다. 광속 영어 엔진이 장착되니까요. 뇌가 난생처음 받아보는 강력한 학습 자극으로 놀라면, 언어 중추가 바짝 긴장하고 흥분하겠죠? 그런데 그것이 한두 번으로 끝나지 않고 지속되면 이를 자연스러운 현상으로 받아들이게 됩니다. 그러면 앞서 설명한 연쇄고리가 만들어지고, 말이 입에서 자동으로 튀어나오는 빙빙 현상이 일어납니다. 이것을 저는 폭주라고 표현했어요. 이 역시 뇌 생리의 일부이기 때문에 자연스러운 반응입니다. 다만 이제껏 제대로 소개된 적이 없으니 비법이라고 불리는 거죠. 광속 영어 엔진을 장착하면, 발음의 정확성을 잃지 않고 원어민의 평상 발음 속도보다 2배 빨리 말할 수도 있습니다.

이 도구를 활용해서 랩을 연습하면 엄청나게 효과적이겠다고 하는 사람들도 있습니다. 진짜 래퍼보다 더 빨리 말하고 싶은가요? 리듬을 실어서? 와이낫! 어서 해보세요. 어려운 일이 아닙니다.

물수제비와
등곳길 법칙

내용과 주제가 각기 다른 영어 560문장을 하루 4시간씩 10일 만에 암기할 수 있을까요? 상식적인 수준에서는 절대 불가능한 일이죠. 만약 가능하다면, 두 가지 가정을 할 수 있습니다. 그 사람이 '천재'이거나 집중력을 극한까지 끌어올린 '몰입의 달인'이라는 것입니다. 하지만 다음과 같은 딜레마가 존재합니다. 한 문장에 몰입하자니 다음 진도를 못 나가고 진도를 쭉쭉 나가자니 전에 했던 문장들이 계속 맴도는, 말 그대로 진퇴양난의 상황을 맞게 되죠. 저는 이를 해결할 두 가지 법칙을 이미지로 정리해봤습니다. 바로 물수제비와 등곳길입니다.

○ ○ ○ ○ ○

물에 빠지되 가라앉지 않고 스피디하게 튀어 날아간다: 물수제비 법칙

우리 눈이 일반적인 광경을 볼 때, 양 눈 사이의 가시각은 약 $45°$ 입니다. 그래서 이런 가시각을 가진 렌즈를 표준렌즈라고 하죠. 이는 특정 사물에 주의를 기울이지 않고 그냥 'see'하는 상태입니다. 그런데 공부에 집중하거나 흥미 있는 무언가를 주의 깊게 쳐다볼 때는 가시각이 $30°, 20°, 10°⋯$ 식으로 점차 좁아지면서 주의가 집중되죠. 이를 망원렌즈라고 하고 특정 사물에 주의를 집중하고 보는 상태, 즉 'watch'입니다.

이때 우리 뇌파는 알파파 상태가 되고, 뇌에서는 사물을 주의 깊게 인식하고 그것을 암기하는 작업이 일어납니다. 그렇게 가시각을 좁히기만 하면 공부가 잘될 것 같다는 생각이 들죠? 하지만 가시각이 좁아지면 주의가 집중되지만, 시점 이동이 곤란해지는 문제가 발생합니다. 게임기 앞에 쪼그리고 앉아 딴생각을 잃은 아이처럼, 한 문장에 집중하면 할수록 진도를 쑥쑥 나가기가 어려운 모순에 갇혀버리는 거죠. 머리가 멍해지고 '여긴 어디? 나는 누구?'의 상태가 되는 것을 저희 집안에서는 물에 빠져 죽는다고 표현하곤 해요. 이 상태가 되면 그냥 공부 포기죠. 어지럽고 잠만 오는 전형적인 '아, 재미없어' 상태에 빠진 겁니다.

이것이 바로 몰입의 모순이라는 현상인데요. 이 문제를 해결해 보자고요.

우선 몰입이 뭔지부터 알아야겠죠. 몰입이란 인간의 뇌 기능을 극한으로 끌어올려 다른 차원으로 인도하는 일종의 포트키(해리 포터 시리즈에 등장하는 마법 기물)와 같습니다. 그런데 몰입에 치중하면 스피드가 죽고, 스피드에 치중하면 머리에 남는 게 없는 헛공부의 함정에 빠진다는 딜레마가 발생하죠. 한마디로 한 문장에 몰입하자니 진도를 못 나가고, 진도를 나가자니 전에 공부한 문장들이 계속 맴도는 진퇴양난의 상황입니다.

이 딜레마를 해결하려면 '순간적인 몰입'과 '스피디한 진도'라는 주문을 외워야 합니다. 학습 원리로 정리하면 다음처럼 됩니다.

> **몰입은 순간적으로 하고,**
> **다음 문장을 할 때는 이전 문장을 잊어버려라.**

몰입을 순간적으로 한다는 게 무슨 말일까요? 그리고 혹시 '외웠다가 잊어버리면 무슨 소용이야?' 하는 생각이 드시나요?

여기서 잠깐 두뇌의 비밀 하나를 알려드리겠습니다. 귀신을 볼

메타쉐도잉

수 있는 사람이 있다고 칩시다. 그의 눈앞에 갑자기 귀신이 나타났습니다. 아이고, 무서워라. 그런데 그 자리에 계속 서 있어요. 이제 슬슬 귀찮고 지겨워집니다. 그 순간, 뭔가가 획 지나가요. '뭐지?' 하고 가만히 생각해보니 무서운 형상의 귀신이었어요. 잠시 후 자기도 모르게 손발이 후들거리고 몸이 오그라들겠죠? 바로 이런 겁니다. 노출 시간이 길거나 짧은 것은 전혀 중요하지 않다, 뇌에 확실히 각인되기만 한다면 시간이 짧아도 상관이 없다는 얘깁니다. 게다가 잔상이 남는 데는 순간암기가 더 유리하다는 뜻이죠.

이제 몰입과 스피드의 딜레마가 해결됐습니다. 이를 물에 빠진 돌멩이가 가라앉지 않고 스피디하게 튀어 올라 계속 빠르게 전진하는 것 같은 이미지로 그려보세요. 저희 집안에서는 이를 '물수제비 법칙'이라고 하는데요, 물에 빠지되 가라앉지 않고 관성의 법칙을 최대로 이용하여 잠수와 부상을 거듭하며 계속 빠르게 전진하는 물수제비의 움직임에서 따온 말입니다. 잘 안 된다고 열 번이고 스무 번이고 한 문장에 몰두하고 있을 때 누군가가 다가와서 "어이, 물에 빠져 죽지 말라니까"라고 한마디 해주면 정신이 번쩍 들겠죠? 그래서 멘토가 필요한 것입니다.

시작했으면 끝까지: 등굣길 법칙

메타쉐도잉은 어느 정도의 시간을 들여 해야 할까요? 만일 콘텐츠의 플레이 시간이 10~20분이라면 곱하기 5를 해보세요. 즉, 시작한 지 50~100분 만에 교재 전체를 듣고 따라 하는 것이 목표이며 이를 끝낼 때까지 멈추지 않는 겁니다(화장실 가는 시간, 물 먹는 시간 제외).

교재 전체를 따라 하다 보면 어떤 문장은 듣자마자 바로 따라 할 수 있겠지만, 두세 번 들어야 하는 문장도 있고 더 많은 횟수를 들어야 하는 문장도 있겠죠. 이런 상황을 고려하여 시간을 넉넉히 계산한 것이니 되도록 이 원칙을 지키길 권합니다.

이는 등교하는 학생의 첫 번째 과제와 같습니다. 등교의 목적이 출석이므로, 교실의 자기 자리에 딱 앉아야 과제를 다 한 것입니다. 집을 나서서 오락실로 새거나 엉뚱한 길에서 헤매고 있어선 안 되죠. 일단 시작했으면 목표 지점까지 단숨에 가는 것을 '등굣길 법칙'이라고 하겠습니다. 수십번 반복되는 등굣길에서 본 주변 풍경들이 머릿속에 저절로 담기듯이, 메타쉐도잉에서도 처음부터 끝까지 경로를 반복하다 보면 자연스럽게 숲과 나무가 한 번에 모두 그려집니다.

> **목표 지점까지 단숨에 도달해**
> **뇌에 큰 그림을 먼저 그린다.**

처음에는 얼떨떨하고 불안할 겁니다. '이렇게 해서 공부가 되나?' 하는 의구심도 들 거예요. 하지만 그런 불안감은 두 번째 공부할 때 상당히 사라집니다. 뇌는 순간적으로 기억했던 것들을 잠재의식에 고스란히 저장해두고 있습니다. 앞서 얘기한 수채화의 밑그림처럼요. 너무 담백해서 잘 보이지 않을 뿐 색칠을 거듭할수록 본모습이 화려하게 드러나죠.

수채화를 그리듯 담담하게 횟수를 거듭하는 방식은 뇌가 학습하는 성질과 잘 맞습니다. 그러니 정말로 영리한 전략이라고 자신 있게 말할 수 있습니다. 등굣길 법칙은 메타쉐도잉이나 크레이지 스피킹이라는 학습법이 뇌를 충분히 자극해 효과를 발휘할 만한 시간을 일정하게 보장해주는 확실한 방법입니다. 중요한 것은 얼마나 확신을 가지고 우직하게 밀고 나가느냐 하는 것인데요. 가장 강력한 확신은 자기가 직접 경험할 때 생겨납니다.

물수제비 법칙과 등굣길 법칙을 정리하면, 효율성(E)은 학습의 정확성(A)을 담보로 했을 때 목표까지 도달하려는 추진력(C)의 제

곱에 의해 결정된다는 것입니다. 여기서 중요한 점은 효율성에 기여하는 정도가 큰 것이 정확성보다 속도라는 것입니다. 학습의 목표와 학습 방법을 제대로 정립했다면, 나머지 효율을 결정하는 건 속도라는 뜻입니다. 지금까지 설명한 영어 학습의 원리를 정리하면 다음과 같습니다.

1. 언어 학습의 기본 단위는 문장이다.

2. 듣기, 읽기, 말하기는 분리 학습이 불가능하며 서로 시너지(상승효과)를 만든다.

3. 등굣길 법칙과 물수제비 법칙: 몰입과 스피드로 최대한 빨리 목표 지점에 도달한다.

4. 고속음성을 발화해서 학습 효율을 극도로 끌어올린다.

> 반복의 횟수는 몰입으로 최소화하고,
> 순간적인 몰입과 스피디한 진도로 단숨에 목표에 도달한다.

단기기억력을 극대화하는
순간암기와 망각의 힘

그렇다면 단계별 과정에서 학습한 문장들이 체화된다는 것을 어떻게 보장할 수 있을까요? 핵심은 바로 '순간암기'와 '망각'입니다. 이 두 가지는 제가 지금까지 설명한 내용과 얼핏 모순되는 것으로 비칠 수 있습니다. 되도록 한 문장을 세 번 이상 반복하지 말고 바로 다음 문장으로 넘어가라고 했는데, 순간적으로 암기한 뒤 잊어버리라니 무슨 말인지 이해가 안 될 겁니다. 저는 사실 '잊어버리라'라는 말을 학습자들이 환영할 것으로 생각했는데, 전혀 그렇지 않더군요. 심지어는 강한 반감을 드러내는 사람도 있었습니다.

왜 잊어버리라고 할까요? 한마디로, 더 많이 담기 위해서입니다.

어딘지 불교의 가르침 같은 뉘앙스인데요, 사실이 그렇습니다. 지금부터 뇌과학적으로 이 모순을 풀어보겠습니다.

○ ○ ○ ○ ○

휙 스쳐 지나간 귀신이 더 무섭다: 순간암기

앞서 설명한 것처럼, 눈앞에 떡하니 서 있는 귀신보다 휙 스쳐 지나간 귀신이 더 무서운 법입니다.

2장에서 설명한, '영어에서 반드시 뛰어넘어야 할 세 가지 장벽'을 기억하시나요? 영어는 철자 투명도(실제 발음과 글자 사이의 일치성)가 낮아서 발음이 그만큼 중요하며, 단어의 음소마다 강세를 파악하는 것이 중요하다고 했죠. 또 그 강세가 모여 한 문장의 리듬을 형성합니다. 우리가 순간적으로 암기해야 하는 것이 바로 이 리듬입니다. 세 번 정도면, 문장을 보지 않고 완벽하게 따라 하기는 힘들어도 입으로 웅얼거리면서 리듬 정도는 누구나 구현할 수 있습니다. 마치 익숙하지만 가사를 모르는 노래를 흥얼거리거나 아기가 엄마 말을 따라 하는 것처럼요. 다만, 우리가 아기와 다른 점은 문자에 대한 발음을 익힐 수 있다는 점이고, 이것이 어른의 웅알이라고 이야기했습니다.

기억의 메커니즘을 간단히 살펴보겠습니다. 기억은 단기기억 또는 작업기억(working memory)과 장기기억으로 나뉩니다. 장기기억은 다시 말이나 이미지 등으로 표현할 수 있는 서술기억과 몸으로 익힌 비서술기억으로 분류됩니다. 문장을 순간적으로 암기하는 행동이 작업기억 훈련이며, 이것이 장기기억을 활성화합니다. 우리가 순간적으로 문장을 암기하는 행동이 작업기억을 활성화하는데, 이 작업기억은 장기기억 시스템이 일시적으로 활성화된 상태에 불과하죠.[10]

그런데 리듬을 오래 기억하는 것과 장기기억 간에 어떤 관계가 있을까요? 노래를 흥얼거린다고 해서 그 노래를 부를 수 있는 건 아니잖아요. 여기서 두 번째 핵심인 '망각'이 등장합니다.

○○○○○

암기하려고 애쓸수록 물속으로 가라앉는다: 망각

의식적으로 암기하려고 안간힘을 쓰는 순간, 돌멩이는 물속으로 가라앉고 맙니다. 그러면 물수제비 뜨기를 계속할 수가 없겠죠. 암기하려고 애쓰지 말고, 잊어버릴 것을 두려워하지도 마세요. 이렇게 말하는 이유는 크게 세 가지입니다.

첫째, 문장의 리듬을 익히는 과정에서 문장의 발음과 자막에 익숙해졌고, 다음에 다시 볼 때는 그 기억이 다시 생생하게 살아나기 때문입니다. 그 위에 다시 연습하면서 밑그림을 완성해나가다 보면 자연스럽게 발음도 정밀해집니다. 앞에서 청각 기능을 담당하는 기관이 귀에서부터 음성을 걸러 듣는다고 설명했죠? 이미 이 경비원, 즉 고막 긴장근은 당신이 어제 연습한 문장들을 어느 정도 익숙하게 느끼고 있습니다. 그래서 두 번째만 하더라도 '어? 어제 지겹게 들었던 그 소리가 오늘 또 들리네?' 하면서 더 주의를 기울이게 됩니다.

둘째, 발음에 접근하고 발음을 만들어내는 기관인 브로카 영역이 활성화되면 장기기억이 촉진되기 때문입니다.[11]

> 듣고, 읽고, 말하는 과정을 동시에 진행하면
> 그 자체가 곧 강력한 암기법을 실천하는 것이다.

셋째, 여기에다 더 강력한 암기의 끝판왕을 등장시킬 예정이기 때문입니다. 광속 영어 엔진의 중요한 한 축을 이루는 토킹 스피드, 기억나시죠? 토킹 스피드에서는 전용 앱을 사용하여 입에서 고속 음성을 발화하는 과정을 여러 번 양껏 반복하게 됩니다. 이 과정을 거치면 암기하고자 하는 내용이 서술기억을 넘어 수영이나 자전거 타기 같은 절차기억에 이르게 됩니다. 이를 '체화된다'라고 말하죠. 영어 문장이 자기도 모르게 튀어나오고, 머릿속에서 문장이 빙빙 맴도는 상태입니다. 앞서 말한 빙빙 현상, 영어 득도의 경지가 바로 이것입니다.

그러니 모든 과정을 가볍게 가볍게 넘기세요. 의식하지 못하는 사이 장기기억에 자연스럽게 자리 잡을 것이므로 잊어버릴 걱정 같은 것은 이제 하지 않아도 좋습니다.

광속 엔진을 넘어
ESL(극청)로

○ ○ ○ ○ ○

ESL의 이론적 배경

10여 년 전, 일본의 의학박사 시노하라 요시토시는 자신의 책 『청각뇌』에서 다음과 같은 이론을 제시했습니다.

> **고속음성(속청, 速聽)으로 대뇌가 발달하는 메커니즘**

'듣는 속도를 빠르게 하는 것으로 뇌 속의 언어 중추인 베르니케를 자극하고, 이것이 다시 대뇌를 활성화한다'라는 내용입니다. 저자에 따르면, 보통의 음성보다 2~4배 속도의 고속음성을 입력하면 인간의 뇌는 뉴런을 총동원해서 집중적으로 이 정보들을 처리한다고 합니다. 그러려면 뉴런끼리의 연결이 더 조밀해지고 속도도 빨라져야겠죠. 저자는 이 과정을 가리켜 대뇌 활성화라고 합니다. 쉽게 말해서 머리가 좋아진다는 얘기죠.

정리하면, 속청(빠르게 듣기)을 하면 귀가 그 속도에 적응하려고 하므로 청각이 향상되고, 청각은 뇌와 직접적으로 연결되어 있기 때문에 뇌도 활성화된다는 것입니다.

이는 대뇌 정보 처리 과정에서의 인터체인지 효과 때문인데요, 고속도로에서만큼 인터체인지 효과를 제대로 느낄 수 있는 곳도 없습니다. 고속도로에서 일반 도로로 내려왔을 때, 상대적으로 주변이 굉장히 느리게 느껴지죠. 운전자의 감각이 고속에 익숙해져 있기 때문에 그보다 속도가 내려가면 모든 게 슬로비디오처럼 보이게 되죠.

이런 고속음성을 몇 주에 걸쳐 하루에 15분 동안 입력하면 베르니케 중추 세포 간의 네트워크가 밀집해져서 집중력과 이해력, 기억력 등이 향상된다는 것입니다. 한마디로, 속청은 '자기계발'에 매우 유효한 수단이라는 것이 저자의 결론입니다.

속청에 대한 연구는 그보다 수십 년 전 미국에서 이미 진행됐습니다. 미국의 벨연구소가 제작한 속청기가 두뇌 계발에 효과가 있다는 사실이 미국 국방성(Pentagon)과 케임브리지 R&D사(Cambridge Research & Development Company)에 의해 입증된 바 있습니다. 또한 뉴욕주 시러큐스대학교에서는 세라 쇼트(Sarah H. Short) 교수가 도입한 속청기로 학생들의 성적이 향상됐다며 실효성을 증명한 적도 있습니다. 그 외 미국의 많은 대학에서도 속청과 뇌 계발의 연관성에 대해서 큰 관심을 갖고 연구를 완료해 논문을 발표했거나 진행 중입니다.

또한 한국에서도 2005년 한국정신과학학회 논문집에 김현수 교수의 '속청이 뇌 계발에 획기적인 방법'이라는 요지의 논문이 실린 바 있습니다. 속청을 통해서 베르니케 중추를 자극하면 뇌 전체가 활성화되며, 이것이 곧 뇌의 계발로 이어진다는 내용입니다. 이런 속청은 일상적 학습의 속도를 더해줌으로써 시간을 절약해주고, 반복 학습의 빈도를 높이며, 학습 효과와 집중력·기억력·이해력을 한층 증대한다고 되어 있습니다.[12]

이처럼 강력한 속청의 효과를 증명하는 논문들과 학습법의 실제 적용 예들이 꾸준히 발표되어왔습니다. 최근 들어 후속 논문이 뜸한데, 고속음성을 통한 더 강력한 뇌 자극 방법을 찾고 있거나 그런 기기를 발명하는 중일 수도 있습니다.

저는 메타쉐도잉과 크레이지 스피킹을 연구하던 와중에 기존 논문들이 언급한 효과들을 넘어서는 뇌 활동을 체험했고, 이를 더욱 발전시키고자 하는 강한 호기심과 열정에 휩싸이게 됐습니다. 일단 제가 생각한 방법과 예상되는 결과는 기존의 학설과 닿아 있으면서도 그 연장선상에서 더욱 발전된 것이므로, 이를 여러 가지 의미에서 극초청(極超聽)이라고 할 수 있을 것입니다. 이를 기존의 초청법과 다르게 극청(極聽), 영어로는 Extreme Super Listening(ESL, 익스트림 슈퍼 리스닝)이라고 부르겠습니다.

이 용어들은 비록 제가 이름 붙인 것이지만 나름의 뇌과학적 근거가 있음은 물론 기존의 실험 논문들에서 한층 진일보한 이론과 실현 가능한 실질적 실험 방법을 제시하는 것이므로, 향후 학계에서도 타당성을 충분히 인정받을 수 있을 것으로 생각합니다. 어쩌면 이것들이 앞으로 논문들이 보편적으로 인용하는 용어들이 될지도 모릅니다.

○ ○ ○ ○ ○

ESL은 어떻게 탄생했나

ESL은 'English as a Second Language'의 약자로 많이 알려져 있으며, '제2 언어로서 영어를 배우는 학습자'들을 통칭하죠. 저는

'Extreme Super Listening'의 약자로 소개하고자 합니다. 앞서 언급한 바와 같이 ESL은 크레이지 스피킹의 발화 속도(토킹 스피드)와 듣기 속도를 뛰어넘기 위해 고안된 방법입니다.

빨리 말하고 듣기를 연습하는 것이 왜 두뇌 계발에 큰 영향을 미칠까요? 조금 전 소개한 논문들을 참고해도 되지만 이미 이 책을 통해서도 충분히 이해했을 것으로 봅니다. 다시 한번 설명해보자면, 우리 머릿속에서 '생각을 한다' 또는 '생각을 떠올린다'라는 것은 최종적으로는 우리 뇌가 혼잣말을 하는 것과 같습니다. 그 생각조차도 문자와 소리를 지닌 언어와 이미지로 구성되어 있기 때문이죠. 뇌가 혼잣말을 하는 과정에서는 늘 듣고 말하는 과정이 동시에 이뤄집니다. 따라서 말하고 듣는 속도가 곧 생각의 속도와 깊은 관련이 있고, 이는 곧 뇌의 정보 처리 속도라고 할 수 있죠. 말하기의 빠르기가 듣기의 빠르기를 능가할 수는 없지만, 듣기의 속도를 높이려면 자신의 말하기 속도를 높이는 것이 가장 효과적이라는 점을 지금까지 여러 번 강조했습니다.

그렇다면 토킹 스피드를 극한으로 높여 그 소리를 듣는 청각뇌를 동시에 훈련하거나, 그 반대로 청각 중추를 활성화하여 발화뇌를 극한으로 발달시킬 수 있지 않을까요?

ESL은 이런 관점에서 탄생했습니다. 저는 크레이지 스피킹 이후에 토킹 스피드를 더 빠르게 하려고 노력해봤지만, 아무리 눈이 빨라져도 이를 따라 하는(말하는) 입은 더 빨라지지 않는다는 것을 깨달았습니다. 그래서 청각뇌 중추인 베르니케를 이용하기로 전략을 바꾼 겁니다.

'빠른 소리를 듣는다'라고 하면, 얼른 생각나는 것이 널리 알려진 속청법입니다. 그런데 기존의 속청은 이 정도의 스피드를 훈련하기에는 여전히 기술적인 한계가 존재합니다. 더구나 속청 학자들조차 크레이지 스피킹이라는 훈련법을 알지 못하죠. 기존 속청법은 이론적·실제적으로 크게 세 가지의 결점이 있습니다. 첫 번째는 자신의 목소리가 아닌 타인의 목소리를 듣는 것을 전제로 한다는 점이고, 두 번째는 모국어를 기반으로 한다는 점입니다. 그리고 세 번째는 재생 속도에 한계가 있다는 점입니다. 발음이 뭉개지지 않게 재생하려면 속도를 최대 4배 정도까지만 높일 수 있었습니다. 이는 당시 개발된 아날로그식 속청기의 한계 때문인데, 기술이 발달함에 따라 인간도 점점 빨라지는 속도에 적응하고 있습니다.

제가 개발한 크레이지 스피킹 과정만 해도 바로 고속에 적응할 뿐 아니라 어떤 면에서는 이를 능가합니다. 점점 더 빨리 고속으로 나타나는 문자를 따라잡으며 큰 소리로 낭독함으로써 결과적으로는 속화를 통한 속청을 실행하게 됩니다. 속청과 속화를 통한 이중 자극이 지속적으로 더해져 몰입이 일어나면서 강력한 시너지 효과가 발휘되는 것입니다.

크레이지 스피킹 단계마저 넘어서는 궁극의 방법이 바로 ESL입니다. ESL은 영어의 득도 현상이라는 크레이지 스피킹보다 훨씬 더 빠른 속도로 음성을 듣고 말하기 위해 고안된 학습법입니다. 따라서 이를 실행하기 위해서는 학습자가 크레이지 스피킹을 마친 상태여야 합니다.

ESL은 기존의 속청과 비교할 때 세 가지 큰 차이점이 있습니다. 이 차이는 앞서 말한 속청의 한계를 극복하는 과정에서 자연스럽게 생겨난 것입니다.

1. 기존의 속청은 타인의 목소리를 고속으로 만들어 듣는 것이 원칙이지만, ESL은 원래 빠르게 훈련된 자기 목소리를 더욱 증폭시켜 사용한다.[13]

따라서 극청은 단지 학습 능력을 발전시키는 것 이상을 목표로 하며, 크레이지 스피킹이 완성된 사람이 아니면 연습할 수 없는 고차원의 학습 수련법입니다.

2. 기존의 속청은 모국어를 듣는 것을 원칙으로 하지만, 극청은 외국어(영어)를 듣는다.

바로 이 부분이 중요한데요. 기존의 실험이 간과한 부분이고, 실험 대상(외국어에 능통한 피실험자)에 대한 한계 등의 이유로 후속 연구로 기획되어본 적이 없는 것으로 생각됩니다. 따라서 제가 최초의 연구자라고 할 수 있습니다.

3. 기존의 속청은 최대 속도가 기본 발화 속도의 4배지만, 극청은 자국어가 아닌 외국어인데도 6배를 목표로 한다.

기존의 속청기는 아날로그 시대에 발명됐기에 소리가 뭉개지지 않고 빠르게 재생되는 것이 가장 중요했습니다. 하지만 현재는 MP3 플레이어를 통해 이런 기능이 보편화됐죠. 그러다 보니 연구자들이 좀 맥이 빠진 걸까요. 오직 저처럼 크레이지 스피킹을 완료한 사람들에 의해서만 6배속 극청이 가능한 시대가 됐습니다. 이는 절반은 아날로그, 절반은 디지털 기술이라 할 수 있는데요. 바로 이 어령 교수님의 디지로그 이론을 적용했다고 할 수 있습니다.

○ ○ ○ ○ ○

ESL의 효과는 어떨까: 실제 체험기

제가 학습한 트럼프 전 대통령의 대한민국 국회 연설문은 총 34분 20초짜리입니다. 이것을 제가 크레이지 스피킹을 통해 최고속으로 발화해보니 16분 2초가 걸렸습니다. 즉, 원어민보다 2배 정도 빠르게 말한 셈이지요.

이것을 제가 연습할 원 교재로 쓰기 위해 녹음했습니다. ESL 과정에서 어떤 변화가 생기는지 제3자가 말해줄 리 없으니 제가 직접 나선 겁니다. 내 목소리이기 때문에 다시 들어봐도 빠르다는 느낌 없이 깔끔하게 들립니다. 이것을 스피드 증폭이 가능한 팝콘 플레이어에 집어넣고 서서히 스피드를 올렸습니다. 25퍼센트부터 시작하여 점점 속도를 올려 듣다가 최종적으로는 3배속까지 올렸습니다. 이것이 궁극의 6배속이죠. 저는 지금 6배속의 녹음 파일을 들으면서 청해력을 높여가고 있습니다. 하루 4시간씩 총 14일을 하는 것이 목표입니다.

처음에는 마치 새 지저귀는 소리나 백색 소음처럼 들리더군요. 이틀을 이렇게 보냈습니다. 이 상태에서 크레이지 스피킹을 한 번 더 해봤는데, 즉시 변화를 실감했습니다. 내 입에서 발화하는 토킹 스피드가 정확히 10퍼센트 빨라진 겁니다. 그런데 그게 다가 아니었습니다. 며칠이 지나자, 한 문장도 제대로 들리는 게 없었던 6배속 청음을 어느새 절반 정도는 알아듣게 됐습니다. 인간의 소리가 아니라 일종의 기계 소리 같던 그 소리가 점차 깨끗하게 들리기더니 횟수를 거듭하자 50퍼센트를 넘긴 것입니다. 물론 제가 녹음한 것이니 이미 다 외운 상태에서 지레짐작으로 듣는 것도 있으리라 생각할 수 있지만, 제 귀에 자연스럽고도 명확하게 들리는 소리만 50퍼센트라는 얘기입니다.

이런 방법으로 현재까지 시간을 13분 50초까지 단축했습니다. 처음보다 약 14퍼센트[16분 2초(962초)에서 13분 50초(830초)] 빨리 말

메타쉐도잉

하는 것은 물론, 처음엔 하나도 알아들을 수 없었던 문장들이 절반 이상 또렷이 들리기 시작했습니다. 이를 통해 영어 순발력이 꽤 늘었다는 것을 깨달았고, 적어도 아는 단어 내에서는 아무리 빠르게 말하더라도 귀에 쏙쏙 들어오는 것을 경험했습니다.

이 실험은 현재까지는 성공적입니다. 무슨 약물을 쓰는 것도 아니고 뇌에 전기적 충격을 주는 것도 아닌, 인체에 무해한 학습법으로 대뇌의 활성화가 강력하게 일어난다는 사실을 확인했기 때문이죠. 어쩌면 예견된 성공이라고도 할 수 있습니다. 외국어를 입력 신호로 이용했다는 점, 이미 2배속으로 영어 말하기가 연습된 자신의 음성을 바탕으로 했다는 점, 이것을 녹음하여 기본 원천으로 삼고 6배속으로 높여 활용했다는 점 등에서 그렇습니다. 기존 속청의 한계를 모두 뛰어넘은 방법이니까요. 다만 대뇌의 활성화가 어디까지 진행될지는 아직 저도 모릅니다. 어쩌면 책이 출판될 때까지 이 실험을 못 마칠 수도 있는데, 모두 완료하면 유튜브에 올리면서 그간의 경과를 보고하겠습니다.

이 책이 출판되고 독자들 중에 크레이지 스피킹을 마친 분들이 상당수 나온다면, 이를 실제로 경험하는 분들도 많아질 것입니다. 그때 저는 미국에서 열심히 여러분을 응원하고 있을 것입니다. 여러분도 제게 응원을 보내주세요.

5장

진짜 영어 훈련의
11계명

METASHADOWING

지금까지 당신은 메타쉐도잉으로 대변되는 진짜 영어 훈련의 근거가 되는 뇌과학적 배경 이론과 저의 실제 경험 등을 통해 이 학습법이 무엇인지 어느 정도 이해하게 됐으리라 믿습니다. 이제 실전 훈련을 앞두고 지금까지의 내용을 종합해보고자 합니다. 저의 경험과 공부 과정을 제대로 따라오시려면 항상 기억해야 하는 중요한 공부 법칙들입니다.

　성경에는 절대로 어기면 안 되는 10계명이 있다고 하죠. 그래서 되도록 10개에 맞춰보려 했는데 11개가 되어버렸네요. 당신이 이 11계명을 반드시 지킨다면 영어의 지옥에서 벗어나 영어의 천국으로 향할 수 있으리라고 확신합니다.

메타쉐도잉
7계명

메타쉐도잉을 다시 한번 정리하면 이렇습니다. '원어민의 문장 발음을 정확하게 듣고 큰 소리로 정확하게 따라 하며, 이 모든 학습 과정을 자신의 귀가 들어서 뇌가 자연스럽게 몸에 배게 하는 과정(이를 체화 과정, 절차기억 과정이라고 합니다)으로 넘기는 것을 목표로 하는 영어 학습.'

이 과정을 시작할 준비가 되셨나요? 그러면 다음 7계명을 꼭 기억하시기 바랍니다.

○ ○ ○ ○ ○

1. 억지로 외우려고 애쓰지 마라

교재를 외우려고 애쓰는 것은 뇌의 용량을 스스로 제한하는 것입니다. 갈 길이 100리인데 1리마다 배낭 하나씩을 더 짊어진다고 생각해보세요. 아마 얼마 못 가서 주저앉고 말 겁니다. 메타쉐도잉에서 암기는 학습의 결과 중 하나일 뿐이지, 학습의 과정도 아니고 목표는 더더욱 아닙니다.

외우려고 힘을 주지 않으면 쓸데없이 긴장하느라 에너지를 낭비할 필요가 없고, 회차가 거듭될수록 내용이 더욱 선명해져 결국 몸이 기억하게 됩니다. 매 순간 정확히 듣고 정확히 따라 하고 확인하기를 가볍게 해나간다는 마음가짐으로 끝까지 진행한다면, 어느새 그 내용들이 머릿속에 자리 잡았음을 알게 될 것입니다.

○ ○ ○ ○ ○

2. 한번 시작했으면 마지막까지 멈추지 마라

앞서 소개한 등굣길 법칙입니다. 교재의 시작과 끝 그리고 중간 과정을 모두 하나의 학습 시간 속에서 연습한다면, 학습자의 의식은 항상 교재 전체에 머물게 됩니다. 노력하는 중에도, 연습하는 중에도, 단계를 넘어갈 때도 교재 전체의 내용이 회를 거듭할수록 점점 더 선명해지죠.

중간중간 쉬어가는 것은 적극적으로 권하지만 '오늘은 여기까지만 하고 내일 또 이어서'라는 식의 안일한 태도로는 절대 끝을 볼 수 없음을 명심하기 바랍니다. 오늘의 최소 분량은 바로 교재 전체입니다.

그래서 저는 '하루에 한 문장씩 1년 동안 365문장'이라는 하루 학습법을 가장 무책임한 학습법이라고 생각합니다. 예컨대 팔굽혀펴기라면 자신이 가진 근육의 한계치가 있을 터이므로 이 방법이 통할 수 있지만 외국어 학습에서는 그렇지 않습니다. 장기기억 과정이 발현되는 것도 아니고 망각을 효율적으로 활용하는 것도 아닌, 그저 새로운 정보를 끊임없이 집어넣는 방법이기 때문입니다. 날이 갈수록 이전까지를 모두 누적해서 외워야 하므로 분량이 늘어나 뇌를 가장 지치게 하는 망상에 가깝습니다.

○ ○ ○ ○ ○

3. 어디서 힘을 세게 주는지, 말꼬리를 올리는지 내리는지에 집중하라

영어에서 강세, 즉 스트레스(stress)는 긴 문장을 단숨에 말할 때

소리의 강약으로 의사를 표현해서 최대한 효율적으로 전달하려는 원어민의 대화 전략입니다. 강세는 개개의 단어뿐만 아니라 문장에도 당연히 포함되어 있습니다.

원어민은 이를 매우 리드미컬하게 구사하는데, 마치 음악과 같습니다. 하지만 그것을 우리의 머릿속에서 재생시켜주는 문자에는 악보와 달리 강세 표시나 박자 등이 적혀 있지 않죠. 그래서 문장을 들을 때 자막의 문자들을 원어민이 어떻게 발음하는지, 다시 말해 악보를 어떻게 연주하는지에 대해 세심하게 주의를 기울여야 합니다. 발음을 이해한다는 것은 곧 그에 해당하는 자막을 읽었을 때 발음이 재생된다는 것입니다.

○ ○ ○ ○ ○

4. 연음을 발견하면 "심 봤다!"라고 외쳐라

연음을 발견하면 속으로 '연음이닷!' 하고 외쳐야 합니다. 다시 한번 주의 깊게 듣고 따라 하면서 들은 연음을 입으로 표현하고, 마지막으로 원어민 발음을 한 번 더 들어 확인합니다. 교재를 한 바퀴 돌아 다시 그 부분을 학습할 때 이 부분의 연음은 앞의 회차 때보단 더 잘 들리겠죠. 이런 식으로 몇 번만 거듭해도 연음이 또렷하게 들리게 됩니다.

연음을 모르면 듣기 공부의 의미가 없으며, 말하기에서도 원어민에 근접한 문장 발음은 애초에 불가능합니다. 지인들 중에서 영어가 유창한 사람들의 이야기를 들어보면 연음을 자유롭게 듣고 말하기 위해 미국에서 원어민과 최소 3년 이상을 생활했다고 하더군요. 하지만 이 원칙에 유의한다면 3년보다 훨씬 적은 시간으로 연음을 정복할 수 있습니다.

○ ○ ○ ○ ○
5. 물에 빠져 죽지 말고 물을 차고 튕기듯 날아가라!

한 문장을 반복할 때 세 번을 넘기지 않는 것이 좋고, 아무리 따라 하기가 어려워도 다섯 번을 넘는 것은 좋지 않습니다. 정말 어렵더라도 꼭 이 시간 이 자리에서 해결해야 한다고 생각하지 말고, 일단 교재 끝까지 간 다음 처음부터 시작하여 그 부분과 다시 만나세요. 그때의 당신은 이미 과거의 당신이 아닙니다. 안 들리던 것이 들리고 따라 할 수 없었던 부분을 따라 할 수 있게 됩니다.

몰입과 진도라는 두 마리 토끼를 다 잡는 신의 한 수는 '순간적으로 몰입하고 튕기듯 빠져나와 빠르게 전진'하는 것입니다. 그러는 동안 어느새 교재의 끝을 연습하고 있겠죠. 즉시 눈에 보이든 아니든, 변화는 과정에서 이미 일어나고 있습니다.

○ ○ ○ ○ ○

6. 충분한 수면은 메타쉐도잉의 필수조건

몰입은 곧 집중력이고, 집중력을 발휘하려면 충분한 혈류량이 보장되어야 합니다. 엄청난 데이터를 지속적으로 처리하기 위해 뉴런은 엄청난 산소량을 요구하는데, 전날 수면을 충분히 취해야 몸이 제대로 기능하죠. 또한 양질의 수면을 취하면 당일 학습한 엄청난 데이터를 깔끔하게 정리할 수 있습니다. 그게 바로 우리가 잘 때 뇌가 하는 일이거든요. 그러니 첫술부터 배부르려고 하지 말고 잠을 충분히 주무세요!

○ ○ ○ ○ ○

7. 따라 하는 소리는 들리는 원어민 소리 이상으로 커야 한다

본 학습법의 최종 목적은 원어민의 소리를 알아듣고 정확히 따라 하는 그 순간, 학습자 자신의 완성된 목소리를 자기 귀로 듣는 것입니다. 이를 반복하면 수영이나 자전거 타기처럼 절차기억이 완성되죠. 즉, 몸에 배게 된다는 뜻입니다.

이는 결과뿐만 아니라 학습 과정의 기억에서도 마찬가지입니다. 하나의 교재를 마스터한 사람은 다른 교재를 마스터하는 과정이

전보다 더 쉽고 빠릅니다. 학습이 체계적으로 이뤄지고, 나중에는 마치 밥을 먹듯 익숙해지니까요. 그러므로 모든 학습 과정에서 학습자의 목소리는 자기 귀에 들리는 원어민의 목소리보다 훨씬 커야 합니다.

크레이지 스피킹의
4계명

　이미 연음과 강세를 포함한 문장의 발음이 어느 정도 완성됐다면, 크레이지 스피킹에서는 속도를 더할 겁니다. 언어 학습에서 발화 속도가 중요한 이유는 네 가지입니다.

　첫째, 당신이 알고 있는 여러 문법적 지식은 지금 이 순간만큼은 학습을 방해하는 잡음, 즉 노이즈이기 때문입니다. 노이즈를 제압하고 문장 학습에 온전히 몰입하려면 반드시 빠른 속도가 필요합니다. 두 번째는 완벽한 영어에 대한 본능적인 두려움이 개입할 여지를 주지 않기 위해서입니다. 세 번째는 전체 내용을 복기하는 데 10분의 1 정도의 기존 학습 시간만 투자해도 원 상태로 복귀할 수 있기 때문입니다. 마지막으로, 문장을 체화하는 데 가장 효율적인 방법이기 때문입니다.

이를 모두 구현하기 위해서는 다음과 같은 원칙을 꼭 지켜야 합니다.

○ ○ ○ ○ ○

8. 정확한 문장 발음으로 크게 따라 읽어라

발음을 정확하게 할 수 있다면, 다음은 자신의 청각을 충분히 자극할 만한 큰 소리가 필수적입니다. 최종적으로 당신의 머릿속에서 재생되는 발음은 이전 단계에서 들었던 원어민의 목소리가 아니라 자신의 목소리여야 이 학습이 완성되기 때문입니다. 자신의 목소리로 기억해낼 때 비로소 그 문장을 구사할 수 있게 됩니다.

○ ○ ○ ○ ○

9. 빠른 스피드는 그보다 더 빠른 스피드로 극복해라

빠르게 말한다는 게 기계적으로 글자만 빠르게 읽는 것이 아닙니다. 내가 따라 했던 원어민의 발음 그대로 박자·억양·강세·연음 등을 모두 살리되, 최종적으로는 원어민의 2배 속도로 말하는 것이 목표입니다. 이 과정에서 혀도 꼬일 테고, 내가 이걸 왜 해야 하느냐 싶어 포기하고 싶은 순간이 반드시 올 겁니다. 그럴 땐 오히려 스피드 레벨을 한 단계 높여 더 빠른 속도로 지금 자신의 한계를 극복해야 합니다. 그러고 나서 다시 속도를 낮춰 자신의 입이 얼마나 유연해졌는지 꼭 느껴봐야 합니다. 고속도로를 달리다가 일반 도로로 넘어왔을 때 주변이 느리게 보이는 현상인 인터체인지 효과, 기억나시죠? 이 인터체인지 효과를 통해 계속 자신의 임계점을 조금씩 조금씩 높여나가야 합니다.

○ ○ ○ ○ ○

10. 생각을 짜내지 말고 입에서 툭툭 털어내라

빨리 말하기가 어느 정도 수준에 이르렀다면, 이미 체화가 진행되고 있다고 봐도 됩니다. 이 정도 수준이 되면 한글 해석만 봐도 교재의 영어 문장이 저절로 튀어나옵니다. 사람에 따라서는 이때부터 문장의 응용이 일어나기도 합니다. 이 방식에 일단 익숙해지면 이미 뇌의 언어 데이터 처리 방식이 달라져 있기 때문에 문법적인 요소를 생각하면서 단어를 짜 맞추는 행위에 이질감을 느끼기 시작합니다. 이 단계에 이르렀다면 '그저 생각 없이 말하는 연습'을 하는 것이 좋습니다. 마치 일상적으로 혼잣말을 하는 것처럼요. 이런 식으로 계속 과거 학습법의 잔재를 씻어내다 보면 당신만의 문장이 입에 완전히 정착될 것입니다.

○ ○ ○ ○ ○

11. 빙빙 현상과 크레이지 스피킹은 반드시 동시에 일어난다

머릿속에서 전체 내용이 빙빙 돌면서 저절로 떠오르는 경지를 빙빙 현상이라고 말했죠? 이때 입에서 그 내용을 줄줄 뱉어내는 크레이지 스피킹이 동시에 발현됩니다. 이 둘은 각기 서술기억(빙빙 현상)과 절차기억(크레이지 스피킹)의 결과들을 보여주는 것이고, 둘 다 영어가 체화됐음을 증명하는 특징적 현상입니다.

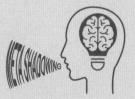

6장

실전편

METASHADOWING

학습법을 뒷받침할
특허받은 앱

○ ○ ○ ○ ○

팝콘 플레이어(Popcorn Player)

지금까지 많은 영상 재생 프로그램이 존재했습니다. 유튜브나 넷플릭스 같은 동영상 플랫폼, 아프리카TV나 트위치 같은 실시간 스트리밍 플랫폼, 곰 플레이어나 KM 플레이어 같은 전통적인 동영상 플레이어 등이 대표적이죠. 그런데 이들을 활용해 어학 학습을 할 수 없었던 가장 큰 이유는 바로 자막 검색의 비효율성 때문입니다. 아무래도 이들의 존재 이유는 순수한 영상 시청이니까요. 문장을 반복 재생하려면 그 문장이 시작되는 지점을 정확히 찍을 때까지 마우스로 스크롤 바를 이리저리 미세하게 조정하는 수밖에 없었죠.

팝콘 플레이어는 이런 비효율성을 없애고, 자막의 정확한 반복을 통해 학습자 스스로 부족한 부분을 인지하게 하며, 최종적으로는 전체적인 내용과 자신의 발음에 대한 메타인지를 가능케 한 신개념 동영상 플레이어입니다. 불필요한 동작을 제거해 조작이 간단하며 반복 설정이 정확하므로, 몰입이 쉽게 이뤄지고 학습 시간이 비약적으로 단축됩니다. 대표적인 특징을 짚어보자면 다음과 같습니다.

첫째, 한 문장 또는 여러 개의 문장을 위주로 반복 재생하는 기능이 핵심입니다.

• **구간 반복 재생: RS ─ RE**

둘째, 반복 재생 중에도 화면 전환과 재생/일시정지 전환이 자유롭습니다. 즉, 반복이 걸려 있는 구간에서 얼마든지 멈추고 재생해도 그 반복 구간이 계속 유지되며, '앞으로 가기(≪)' 나 '뒤로 가기(≫)' 버튼을 이용하면 전환된 화면에서 반복 구간이 업데이트됩니다. 쉽게 몰입할 수 있게 하고 학습 시간을 줄여주므로 진도에 최적화되어 있는 앱입니다.

셋째, 복습에 필요한 옵션인 자막 스크롤 바가 있습니다. 화면 상단 미디어 진행 바를 통해 마치 마우스로 화면을 위아래로 스크롤하는 것처럼 빠르게 자막을 검색할 수 있습니다.

자막: 0100/0414

넷째, 음성 스피드를 조절할 수 있습니다. 너무 빠르거나 연음이 심해 발음이 좀처럼 귀에 안 들어온다는 분들을 위해 개발했습니다. 문장의 반복 실행 도중에도 실시간으로 음성 스피드를 조절함으로써 학습을 좀더 유연하게 진행할 수 있습니다.

S 1.00 ▼▲

다섯째, 플레이 도중 실시간으로 자막을 없애거나 나타나게 할 수 있습니다. 자막이 있는 상태에서 영어 학습을 하다가 중간에 자막을 지워보면, 자신의 약점이 그대로 드러나게 됩니다. 반대로 문장을 순간적으로 암기했을 때도 역으로 이를 활용할 수 있습니다. 즉 자막을 드러나게 하면 자신의 약점에서 빠져 허우적거리지 않고 바로 다음 문장으로 넘어가는 뜀틀 판 위로 점프할 수 있게 되죠.

- 자막 이동: **<<**(이전 자막) / **>>**(다음 자막)
- 한 문장 반복 재생: ↻
- 구간 반복 재생: **RS ― RE**
  - **RS** : 반복 구간 시작
  - **RE** : 반복 구간 종료
  - 한 번 더 터치: 구간 반복 OFF
- 자막번호: **자막: 0004/0220**
- 동영상 속도 조절: *S 1.00* ▼▲
- 자막/무자막: **자막**
  - 자막: 전체 자막 표시
  - 무자막: 자막의 첫 단어를 제외한 나머지 자막 가림

○ ○ ○ ○ ○

팝콘 리더(Popcorn Reader)

크레이지 스피킹은 기본적으로 메타쉐도잉을 거쳐 정확한 문장 발음이 어느 정도 완성된 다음에 사용해야 큰 효과를 볼 수 있습니다. 발명 특허가 등록된 앱인 팝콘 리더의 기본 목적은 원래 영어 속독이었습니다. 글자를 움직임으로써 시각을 인도할 목적으로 개발됐으며, 이런 기능을 가진 기기를 마치 글자가 동영상처럼 재생된다고 하여 텍스트 플레이어(Text Player)라고 합니다. 얼핏 노래방의 자막 프로그램과 비슷해 보이지만, 노래방의 자막은 노래의 리듬에 따라 글자의 음영이 바뀌는 반면 텍스트 플레이어의 자막은 철저하게 단어 단위로 나타나거나 사라집니다. 우리 눈이 받아들이는 가장 효율적인 글자 단위가 바로 단어이기 때문입니다.

부가적으로 학생들이 가장 먼저 이를 활용하는 분야는 엉뚱하게도 영어 단어를 암기할 때입니다. 효과가 너무 좋아 단어 암기가 필요 없다는 말을 실질적으로 담보하는 기능으로 활용됐습니다. '덜컥이'라고 하는 이 기능은 새로 나오는 단어에 이르면 주석 상자가 자동으로 덜컥덜컥 열리기 때문에 붙여진 별명입니다.

하지만 어학 학습에서 팝콘 리더의 주된 역할은 속독을 속화(빠르게 말하기)로 견인해주는 것입니다. 화면에 한 단어씩 일정 속도로 나타나는 글자들을 눈으로 따라감과 동시에, 메타쉐도잉을 통해 습득한 발음을 입으로 발화하는 과정이 크레이지 스피킹 단계죠. 이런 방식으로 서서히 문자가 나타나는 속도를 올리면서 그에 맞춰 입으로 발음하다 보면 어느새 원어민 발음의 2배속까지 정확히 발음할 수 있게 됩니다. 머릿속의 잡음과 어순 강박증은 사라지고, 문장만이 입에 남아 무의식적으로 문장을 발화하는 거죠.

이런 과정을 가능케 하는 기능으로는 크게 네 가지가 있습니다.

첫 번째는 영어 문장이 단어 단위로 나타나거나 지워지는 기능입니다. 눈의 가시각을 집중시키면서 좌에서 우로 차례대로 유도하는 효과를 발휘합니다. 글을 읽을 때 눈이 자동으로 위아래로 움직이는 SNS에 익숙한 요즘 10~30대 연령층에서 많이 나타나는 후천성 독서 장애를 실질적으로 개선하는 효과가 있죠. 이렇게 하면 눈이 문자를 건성으로 건너뛰며 움직이는 고질적 독서 습관을 확실히 교정할 수 있으며, 모든 단어에 시각이 골고루 집중되게 해 읽는 효과를 극대화합니다.

메타쉐도잉

일정 시간마다 글자가 나타나 시선을 끄는 기능

　두 번째는 일시정지 및 원하는 위치에서 다시 재생하거나 자동으로 페이지를 넘기는 기능입니다. 화면을 터치하는 동작으로 일시정지를 할 수 있고, 화면의 원하는 위치를 손가락으로 터치하면 그 위치에서 플레이가 재개됩니다.

Assembly Speaker Chung, distinguished menbers
of this Assembly, ladies and gentlemen.
친애하는 정세균 의장님 존경하는 국회의원 여러분 그리고
신사숙녀 여러분.

Thank you for the extraordinary privilege to speak in
this great chamber, and to address your people on
behalf of the people of the United States of
America
이곳 국회본회의장에서 말씀드릴 수 있는 기회, 미국인을
대표해 대한민국 국민에게 연설할 수 있는 특별한 영광을
주셔서 감사드립니다.

In our short time in your country, Melania and I have
been awed by its ancient and modern wonders, and
we are deeply moved by the warmth of your
welcome.

List ◀◀ ▶▶ 나타 내며 지우 연서 ▼ S 3 ▲

재생 중 터치하면 일시정지가 되면서 방금 전까지 읽었던 부분이 굵게 표시됩니다.

세 번째는 플레이 중 실시간 스피드 조절 기능(▼ S3 ▲)입니다.
스피드는 작동 중에도 실시간으로 더 빠르게 하거나 낮출 수 있습
니다. 우측 하단에 레벨(S)로 표시됩니다. 기본값은 레벨3(S3)인데,
이 정도면 원어민에게도 살짝 빠른 정도의 속도라고 볼 수 있습니
다. 콘텐츠 목록에서 '영한'을 선택하여 이 속도로 시작하면 됩니다.

메타쉐도잉

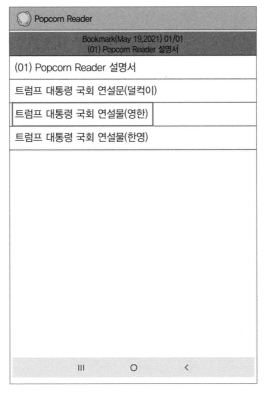

팝콘 리더 첫 화면

문자가 나오기 시작하면 전에 연습한 메타쉐도잉을 기반으로 원어민의 문장 발음을 떠올리면서 큰 소리로 읽어나갑니다. 발음이 제대로 습득됐다면 이 속도에 부담을 느끼진 않으리라 생각됩니다. 이 과정이 편하다면 스피드를 한 단계 더 높이세요. 메타쉐도잉과 연관된 크레이지 스피킹에서는 원어민 말하기에 2배 속도보다 좀

더 빠른 레벨6(S6)이 한계입니다. S5에서는 처음부터 끝까지 큰 소리로, 원어민 발음으로 안정적으로 읽을 수 있느냐가 관건입니다. 스피드 레벨을 올리는 과정에서 자연스럽게 영어를 바르고 빠르게 읽는 정속독 능력이 함양됩니다.

네 번째는 정답 지우기(☑정답) 기능입니다. 원어민 발음의 2배속에 안정적으로 도달한 뒤, 화면 우측 상단의 이 기능을 해제하면 다음 단계인 '한글 해석을 보며 영어로 말하는 단계'에서 활용할 수 있습니다. 한국어를 보고 영어로 말할 수 있는 능력이 이미 생긴 상태이므로, 이를 확인하고 더욱 발전시킬 의도로 발명된 기능입니다. 한영 콘텐츠는 영한과 달리 한국어 해석이 먼저 나오고 다음 줄에 해당 영어가 나오는 형식입니다. 이 상태에서 한국어가 나오면 바로 영어로 말하면 됩니다. 이것이 바로 정답인 영어 문장을 지우는 과정이죠.

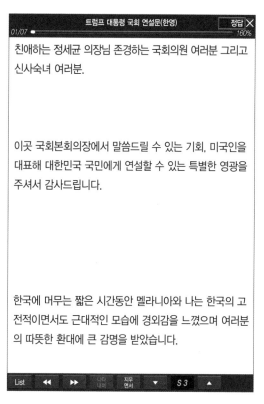

친애하는 정세균 의장님 존경하는 국회의원 여러분 그리고 신사숙녀 여러분.

이곳 국회본회의장에서 말씀드릴 수 있는 기회, 미국인을 대표해 대한민국 국민에게 연설할 수 있는 특별한 영광을 주셔서 감사드립니다.

한국에 머무는 짧은 시간동안 멜라니아와 나는 한국의 고전적이면서도 근대적인 모습에 경외감을 느꼈으며 여러분의 따뜻한 환대에 큰 감명을 받았습니다.

List ◀◀ ▶▶ 나타 내며 지우 연서 ▼ S 3 ▲

'트럼프 대통령 국회 연설문(한영)' 콘텐츠에서 우측 상단에 있는 '정답'을 해제하고 손가락으로 터치해서 재생하면 영어가 사라지고 한글 해석만 남습니다. 이 한글 해석만 보면서 영어 문장을 말하면 됩니다.

한영 S5 이상에서는 영어 문장이 있느냐 없느냐와 관계없이 영어가 입에서 술술 나오게 됩니다. S6 이상으로 오르내리며 큰 소리로 훈련을 계속하면, 문장은 물론 전체 콘텐츠를 빠른 속도로 단숨에 뱉어내는 이른바 스피드 붐(속사포)을 경험할 수 있습니다. 이때는 이미 눈이 단어를 인식하느냐와 상관없이 입이 자동으로 움직이는 것 같은 느낌을 받는 빙빙 현상을 경험하게 되어 있고, 이후 입에서 저절로 영어가 튀어나오는 '속사포 현상'이 뒤따르는 것이 정상입니다.

마지막으로 동작 중 주석부 표출 기능인 덜컥이에 대해 설명하겠습니다. 덜컥이는 영어 단어 암기를 자동으로 할 수 있도록 고안된 기능입니다. 영어 문장에서 암기해야 할 단어·숙어들의 뜻이나 문법적 코멘트를 미리 정리하여 해당 단어에 숨겨두고(교재 출판사의 주석과 해설), 텍스트 플레이어가 동작할 때 해당 단어의 순서가 되면 단어와 함께 주석부가 서랍이 열리듯 팝업창으로 '덜컥' 하고 열리게 한 기능입니다.

메타쉐도잉

중요한 단어, 자주 나오는 단어에 대한 일종의 주석 기능. 재생 중 그 단어에 이르면, 단어가 하이라이트되면서 뜻을 '덜컥' 하고 잠시 보여줍니다.

발음을 모르는 상태에서 덜컥이를 사용하는 것은 효과가 적기 때문에 원어민 발음을 듣고 교재를 두세 번 열심히 따라 한 이후에 이 기능을 켜는 것이 좋습니다. 주석부를 활성화한 뒤 기본 속도를 기준으로 재생되는 영어 문장들을 순서대로 크게 읽다가, '덜컥' 하고 서랍이 열리며 단어의 해설이 나올 때 해설까지 큰 소리로 빠르게 따라 읽는 것이 방법입니다. 이렇게 끝까지 세 번 정도만 따라 읽으면 단어의 뜻은 물론 문장 해석이 눈에 들어오고, 어느 부분에서 딜컥이가 열릴지 알게 되므로 머릿속에 교재 전체의 지도가 선명해지죠.

그 밖에도 깨알만 한 글씨로 행간에 억지로 욱여넣거나 단원의 말미 또는 페이지의 맨 아래 구석에 옹색하게 적혀서 독자의 눈 밖에 나 있던 모든 형태의 주석부를 활성화해 독자의 시각 중심에 위치하게 할 수 있습니다. 한마디로 모든 주석에 생명력을 불어넣는 거죠.

주석부와 해당 키워드가 결합하여 그 부분을 읽을 때 드러났다가 자연스럽게 사라지므로, 시선을 어지럽히지 않고 정확히 눈에 들어오게 하는 효과가 있습니다. 나중에 다시 읽을 때 주석이 필요 없으면, 주석부를 지우고(☑주석 버튼을 한 번 더 눌러서 체크박스 해제) 읽으면 됩니다.

앱 사용법

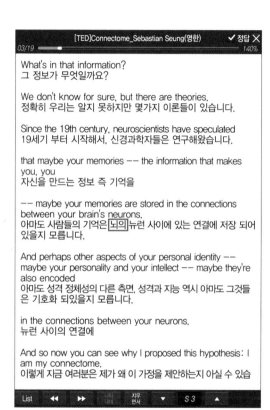

- 텍스트 Play/Stop/이동: 텍스트 터치(손가락으로 터치해서 글자가 차

  례대로 나타나게 하는 기능)

- 텍스트확대/축소: 화면 두 손가락 터치 줌인/줌아웃(두 손가락을 이용해 밀거나 당기면서 화면을 확대 또는 축소하는 기능)

- 텍스트 플레이 속도 조절: 기기의 '볼륨 Up/Down 버튼' 또는 화면 오른쪽 하단 '속도 조절 버튼' 사용 ▼ $S3$ ▲

- 화면 상·하 이동: 화면 스크롤 ◀◀ ▶▶

- 페이지 이동: 화면 왼쪽 하단 '페이지 이동 버튼' 사용

- 목차: (목차 페이지가 있는 경우) 화면 왼쪽 상단의 목차 버튼을 사용하여 원하는 페이지로 바로 이동

- 주석 On/Off: (주석이 있는 경우) 화면 오른쪽 하단의 ☑주석 체크박스 사용

- 파일 선택: 화면 왼쪽 하단 List 버튼을 사용하여 파일 리스트 화면에서 원하는 파일 선택

- 앱 종료: 화면 오른쪽 상단 X 버튼 사용

메타쉐도잉

오리엔테이션

○ ○ ○ ○ ○

학습 개요

드디어 진짜 영어 훈련이 시작됐습니다!

여기까지 오신 것을 환영합니다. 이 수업은 광속 영어 엔진(E = AC²)을 당신의 뇌에 탑재하는 것을 목표로 하며, 하루 4시간씩 15일간의 과정으로 진행될 예정입니다. 이는 두 가지 큰 카테고리로 이루어져 있습니다.

첫 번째 카테고리는 메타쉐도잉입니다. 즉 성인의 옹알이 전반부 과정입니다. 학습자에 따라 차이는 있겠지만, 이 과정에서 원어민의 발음·연음·억양에 근접한 수준으로 변화하는 경험을 하게 될 것입니다. 여건에 따라 스케줄을 조정해 학습 기간을 늘려도 괜찮지만, 하루 단위의 스케줄은 따라갈 것을 권장합니다. 무엇보다 발음의 정확성(A)에 집중하고 그 과정에서 변화하는 자신의 발음을 듣는 것이 중요합니다. 이것이 바로 성인의 옹알이입니다.

두 번째 카테고리는 크레이지 스피킹입니다. 성인의 옹알이 후반부 과정인데요, 메타쉐도잉으로 익힌 원어민의 발음에 속도를 더하는 과정입니다. 이 과정을 위한 텍스트 플레이어가 필요한데, 말 그대로 글자를 일정한 속도에 맞춰서 차례대로 보여주는 것이죠. 물론 속도를 점점 빠르게 하는 것이 목표입니다. 메타쉐도잉으로 익힌 발음을 큰 소리로 마음껏 지르세요. 눈이 이끌고 입이 소리를 내면, 당신의 귀가 그 소리를 듣습니다. 성인의 옹알이 버전 2가 진행되는 것인데, 속도가 점점 빨라지는데도 연습을 거듭할수록 따라잡을 수 있습니다. 이후엔 머릿속에서 빙빙 돌고 입에서 영어가 툭툭 튀어나오는 빙빙 현상이 일어나게 됩니다.

광속 영어 엔진 미리 보기

메타쉐도잉 레벨1: 자막을 보면서 듣고 따라 하기

메타쉐도잉 레벨2: 자막을 보면서 한 문장을 순간적으로 암기하기(순간암기)

메타쉐도잉 레벨3: 자막을 가리고 한 문장을 순간적으로 암기하기(무자막 순간암기)

메타쉐도잉 레벨4: 자막을 보면서 여러 문장을 순간적으로 암기하기(다구간 순간암기)

메타쉐도잉 레벨5: 자막을 가리고 여러 문장을 순간적으로 암기하기(무자막 다구간 순간암기)

크레이지 스피킹 레벨1: 영어 스크립트를 보면서 큰 소리로 빠르게 읽기(속사포 영한)

크레이지 스피킹 레벨2: 한글을 보면서 영어로 빨리 말하고, 영어 스크립트 확인하기(속사포 한영)

크레이지 스피킹 레벨3: 한글만 보면서 영어로 빨리 말하기(속사포 한글)

○ ○ ○ ○ ○

메타쉐도잉 5단계

메타쉐도잉 레벨1

1. 자막을 보면서 원어민의 발음을 듣는다.

2. 멈추고, 자막을 보면서 들은 대로 따라 한다.

3. 원어민의 발음을 다시 들으면서 확인한다.

메타쉐도잉 레벨2: 순간암기

1. 자막을 보면서 듣고 따라 말한다.

2. 멈추고, 자막을 보면서 들은 대로 따라 한 다음 눈을 감고 한 번 더 말한다.

3. 다시 눈을 뜨고 재생해서 음성과 자막을 확인한다.

메타쉐도잉 레벨3: 무자막 순간암기

1. 자막이 가려진 상태에서 한 문장을 듣고 따라 말한다.

2. 멈추고, 한 번 더 말한다.

3. 다시 재생해서 음성을 확인한다.

메타쉐도잉 레벨4: 다구간 순간암기

1. 자막을 보면서 두 문장 이상을 듣고 따라 한다.

메타쉐도잉

2. 멈추고, 자막을 보면서 들은 대로 따라 한 다음 눈을 감고 한 번 더 말한다.

3. 다시 눈을 뜨고 재생해서 음성과 자막을 확인한다.

메타쉐도잉 레벨5: 무자막 다구간 순간암기

1. 자막이 가려진 상태에서 두 문장 이상을 듣고 따라 말한다.

2. 멈추고, 한 번 더 말한다.

3. 다시 재생해서 음성을 확인한다.

○ ○ ○ ○ ○
크레이지 스피킹 3단계

크레이지 스피킹 레벨1: 속사포 영한

1. 기본 속도(3)에서 눈으로는 나타나는 영어를 따라가면서, 입으로는 나타나는 영어에 맞춰서 따라 말한다.

2. 영어 문장을 다 말한 직후 나오는 한글 해석을 눈으로 따라가면서 확인한다.

3. 전체를 기본 속도(3)에서 시작해 최고 속도(6)까지 끌어올린다.

크레이지 스피킹 레벨2: 속사포 한영

1. 기본 속도(3)에서 눈으로는 나타나는 한글 해석을 따라가면서, 입으로는 그에 대응되는 영어 문장을 따라 말한다.

2. 말한 직후 이어서 나오는 영어 문장을 보면서 어디서 막혔는지 확인하고 아까 하지 못한 영어를 한 번 더 말해도 좋다. 한글을 보고 영어 문장 전체가 떠오르지 않고 첫머리만 떠오르거나 군데군데 막혀도 스트레스 받을 것 없다. 그냥 이 과정을 지속적으로 여러 번 반복하라. 되는 것이 점점 더 많아지고 관성이 당신을 영어 습관의 세계로 이끌 것이다.

3. 전체를 기본 속도(3)에서 시작해 최고 속도(6)까지 끌어올린다.

크레이지 스피킹 레벨3: 속사포 한글

1. 기본 속도(3)에서 눈으로는 나타나는 한글 해석을 따라가면서, 입으로는 그에 대응되는 영어 문장을 따라 말한다.

2. 전체를 기본 속도(3)에서 시작해 최고 속도(6)까지 끌어올린다.

권장 스케줄표
(하루 4시간 기준)

회차	단계
1일	메타쉐도잉 레벨1 + 덜컥이
2일	메타쉐도잉 레벨1
3일	메타쉐도잉 레벨2: 순간암기
4일	메타쉐도잉 레벨2: 순간암기
5일	메타쉐도잉 레벨3: 무자막 순간암기
6일	메타쉐도잉 레벨4: 다구간 순간암기
7일	메타쉐도잉 레벨4: 다구간 순간암기
8일	메타쉐도잉 레벨5: 무자막 다구간 순간암기
9일	메타쉐도잉 레벨5: 무자막 다구간 순간암기
10일	크레이지 스피킹 레벨1: 속사포 영한
11일	크레이지 스피킹 레벨1: 속사포 영한
12일	크레이지 스피킹 레벨2: 속사포 한영
13일	크레이지 스피킹 레벨2: 속사포 한영
14일	크레이지 스피킹 레벨3: 속사포 한글
15일	크레이지 스피킹 레벨3: 속사포 한글

단계별 학습 방법:
문장당 세 번을 넘기지 말고
바로 다음 문장으로!

○ ○ ○ ○ ○

메타쉐도잉 레벨1

메타쉐도잉부터 시작해보겠습니다. 방법은 다음과 같습니다.

1. 자막을 보면서 원어민의 발음을 듣는다.

2. 멈추고, 자막을 보면서 들은 대로 따라 한다.

3. 원어민의 발음을 다시 들으면서 확인한다.

기준점: 자막을 보고 원어민의 발음을 그대로 구현할 수 있다.

이 과정에서는 플레이어의 ↻ 버튼을 눌러 미리 활성화해놓고, 다음 문장으로 넘어갈 때마다 ≫ 버튼을 눌러 넘기는 것을 권장합니다. ↻ 버튼이 활성화되어 반복이 무한 루프로 진행되는 동안 사용자가 play/pause를 자유롭게 실행해도 해제되지 않습니다. 해제하려면 ↻ 버튼을 한 번 더 눌러주세요.

이 과정이 메타쉐도잉 한 번입니다. 자막을 보면서 따라 할 때 들린 대로 따라 하는 것이 핵심입니다. 그대로 복사한다는 느낌으로 웅얼거리는 것도 괜찮습니다. 어떤 단어에서 잠시 쉬고, 어디에서 빨리 말하고, 어떤 단어를 강조하고, 어떤 단어의 발음이 힘든지 온전히 느껴보세요. 오른쪽 스피드 조절 버튼을 이용해 실시간으로 재생 속도를 조절하면 더 정확하게 따라 할 수 있습니다.

절대로 외우려고 하지 마세요. 지금은 전체를 끝까지 단숨에 한 번 해보는 것이 목표입니다. 한 문장에 오래 붙잡혀 있을수록 완성은 멀어집니다. 한 문장을 세 번에서 네 번까지 해봤는데도 안 되면, 두려워하지 말고 바로 다음 문장으로 넘어가세요. 이런 식으로 끝까지 도달하면 대략적인 발음 지도가 그려집니다. 이후 설명하는 메타쉐도잉의 모든 과정을 이처럼 1시간 단위로 끊어가면서 총 4시간을 채우면 그날의 학습은 종료됩니다.

특허받은 단어 암기 프로그램,
덜컥이

팝콘 리더 앱 → '…(덜컥이)' 메뉴

시간은 얼마나 걸리셨나요? 발음이 힘들었던 부분에서 처음과 얼마나 달라졌나요? 시간이 늘어났다고 해서 좌절할 필요가 없습니다. 제 경험상 하면 할수록 줄어드는 것이 보통이지만, 오히려 더 늘어나는 날도 많았습니다. 하면 할수록 무심코 지나쳤던 부분들이 드러나기도 하고, 발음이 좋아진 부분이 있으면 자신감을 얻어서 더 따라 하고 싶어지거든요. 덜컥이는 '그가 무슨 말을 하는지 궁금해서 도저히 진도가 안 나갈 것 같다'라는 사람들을 위해 마련한 필수 단어 체크 프로그램입니다.

화면 하단에 보이는 메뉴 중 속도를 조절하는 메뉴를 이용해서 기본 속도인 S3(▼ **S3** ▲)으로 설정하고, 바로 오른쪽에 보이는 주석 메뉴(☑🔖)를 체크해서 딜컥이가 보이게 하면 기본 설정은 끝납니다. 이 상태에서 화면을 터치하면 해당 위치에서부터 글자가 일정한 속도로 나타납니다.

이제 일정한 속도로 나타나는 영어 단어들을 메타쉐도잉을 한 실력으로 천천히 따라 읽으세요. 한글 해석은 따라 읽지 않습니다. 여유가 있으면 흘낏 보세요. 빠르다고 생각되면 S2로 한 단계를 내리세요. 만약 멈추고 싶다면, 한 번 더 터치해서 멈추면 되고요. 이렇게 하면, 학습 내용에서 중요한 단어들이 머릿속에 순간적으로 각인됩니다. 해당 단어들에 대한 주석 또는 메모들이 글자가 나타남에 따라 '딜컥' 하고 팝업되기 때문입니다. 주석이 포함된 글자가 나타나면 그 글자의 뜻이 잠깐 나타났다가 사라지는데, 단어 암기에서 딜컥이는 여타 단어 암기 프로그램과는 비교도 안 될 정도의 효율성을 보장합니다. 그 근거는 다음과 같습니다.

첫째, 사전을 일일이 찾아가며 단어를 검색할 필요가 없으므로 학습의 흐름이 끊기지 않습니다. 둘째, 지저분한 메모를 모두 가림으로써 본문의 전체적인 흐름을 방해하지 않습니다. 동시에 순간적으로 나타나는 잔상 효과를 이용해 단어를 더 오래 기억하게 합니다. 셋째, 일정한 속도로 시선을 정확하게 끌기 때문에 영어의 정속독이 자연스럽게 이루어집니다.

이런 장점들이 모두 녹아 있는 프로그램이자, 앞으로 경험하게 될 크레이지 스피킹의 예고편인 만큼 꼭 한번 사용해보세요. 처음 부터 끝까지 이런 식으로 세 번만 반복해도 단어를 몰라서 발생 하는 문제는 없을 것으로 확신합니다.

덜컥이를 학습하는 방법은 간단합니다. 우선, 팝콘 리더 앱에 서 '(덜컥이)'라는 콘텐츠로 들어가세요. 처음엔 일반 e-book 뷰어 와 다를 게 없는 평범한 뷰어가 나오지만 맨 처음 문장을 가볍게 터치하면 문장이 단어 단위로 나타납니다. 기본 속도(S3)에서 영 어 문장과 함께 그에 대한 한글 해석이 번갈아 가면서 나타나는 데, 나타나는 영어에 맞춰서 큰 소리로 따라 읽으면 됩니다.

○○○○○

메타쉐도잉 레벨2: 순간암기

메타쉐도잉을 통해 발음을 익혔다면, 순간적인 암기력을 동원해서 단기기억력을 상승시키는 메타쉐도잉 순간암기 차례입니다. 당신의 레벨이 급격히 상승하는 단계죠.

방법은 자막이 있는 장면에서 듣고 따라 한 다음, 눈을 감고 한 번 더 말하는 것이 다입니다. 별거 없죠? 근데 눈을 감을 때 소리는 일시정지 상태여야 합니다. 안 그러면 눈을 감은 보람이 없어지니까요. 이번에도 한 문장을 최대 세 번까지 반복해보다가 안 된다 싶으면 다음 문장으로 넘어가세요. 전체적으로 한 번 끝내고 다시 돌아와서 또 하면 분명히 이전 회차보다는 잘될 것입니다. 왜냐고요? 그새 어른이 되어 돌아왔으니까요! 다른 것을 하면서 귀가 더 열리고 발음이 익숙해진 상태에서 그 부분을 다시 보게 되는 것이 훨씬 효과적입니다.

레벨1과 마찬가지로 레벨2에서도 이 모든 과정을 듣고 있는 것은 자신의 귀라는 점을 계속 의식하세요. 어제도 오늘도, 우리는 일관되게 '어른의 옹알이' 과정을 거치고 있는 겁니다. 유아가 엄마의 말소리를 따라 하듯이, 우리도 원어민의 소리를 따라 하다가 한 번씩 문장 단위로 옹얼거리는 거죠. 이렇게 함으로써 문장의 발음과 리듬에 더 익숙해집니다. 듣는 순간에 바로 따라 할 만큼요! 이 방법이 영어를 모국어로 습득하는 미국 아기들의 방법과 다른 점은 영어 자막을 읽을 수 있다는 것과 메타쉐도잉을 통해 정확히 따라 할 수단이 있다는 것입니다. 그리고 한 문장에 머물지 않고 물수제비 법칙을 이용하여 빠르게 전진하며, 시작했으면 끝까지 가는 과정을 빠르게 반복하여 수채화 기법을 이용함으로써 원어민의 발음에 이르는 시간을 극히 단축시킨다는 점입니다. 이 '어른의 옹알이' 과정의 하나인 '복창'은 원어민의 말을 현장에서 습득하여 자기 것으로 만드는 비결로 매우 중요합니다. 귀로 들리는 말을 그 자리에서 똑같이 따라 할 수만 있다면, 그 영어는 들리는 족족 당신 것이 됩니다. 우리는 지금 그런 상태가 되기 위해 훈련을 하는 셈이죠.

레벨2에서 할 일을 정리해볼까요?

1. 자막을 보면서 듣고 따라 말한다.
2. 멈추고, 자막을 보면서 들은 대로 따라 한 다음 눈을 감고 한 번 더 말한다.
3. 다시 눈을 뜨고 재생해서 음성과 자막을 확인한다.

기준점: 순간적으로 암기해서 말할 수 있는 문장이 전체의 70퍼센트 이상이다.

외우려고 애쓰지 않고 문장의 리듬, 호흡을 포착하는 것이 핵심입니다. 바로 직전과 비교해보세요. 발음이 힘들었던 구간이 조금이라도 줄어들었다면 매우 훌륭하게 따라오고 있다는 증거입니다. 그 구간이 오히려 늘었다면 이 역시 좋은 일입니다(앞에서 제가 낙천적이라고 얘기했잖아요). 그만큼 당신의 시야가 넓어져서 보이지 않던 것까지 보게 된 셈이니까요.

○ ○ ○ ○ ○
메타쉐도잉 레벨3: 무자막 순간암기

이번에는 '문장을 시작하는 첫 단어'를 제외한 나머지 단어들은 전부 가릴 겁니다('자막' 버튼을 터치/클릭하면 자막이 비활성화됩니다). 다시 말해 '어른의 옹알이'를 실전 대화 상황처럼 훈련하는 방식입니다. 이렇게 하면 작은 단서를 통해 문장을 한 번에 뽑아내는 훈련도 됩니다. 보통 문장을 발화할 때는 문법이라는 틀에 단어를 끼워 넣는 방식으로 진행되죠. 여기서의 '문법'을 좀더 정확하게 표현하면, '같은 언어를 쓰는 사람들의 약속된 말하기 패턴'이라고 할 수 있습니다.

제가 문장의 첫 단어만 남겨놓은 데에는 이유가 있습니다. 자막이 하나라도 있는 것과 없는 것에는 큰 차이가 있거든요. 자막을 완전히 가려버리면 영어 문장을 학습하는 것이 아니라 영상의 상황을 학습하게 됩니다. 영상의 상황을 암기해야 그것을 힌트로 해서 영어 문장을 말할 수 있으니까요. 그리고 영상의 상황보다 더 중요하게 작용하는 것이 문장의 순서입니다. 순서에서 스트레스를 받지 않기 위해 첫 단어만 보이게 한 겁니다. 우리의 최종 목적은 어학 학습이지 영화감상이 아니니까요.

문장을 시작하는 첫 단어만 자막으로 보여줘도 상황은 크게 달라집니다. 그 단어를 힌트로 해서 나머지 단어들을 쉐도잉할 수 있죠. 레벨2를 통해 이미 충분히 익숙해진 문장들은 자막을 가려도 따라 할 수 있습니다. 이번 단계를 정리하면 다음과 같습니다.

1. 자막이 가려진 상태에서 한 문장을 듣고 따라 말한다.

2. 멈추고, 한 번 더 말한다.

3. 다시 재생해서 음성을 확인한다.

기준점: 자막 없이 문장을 어느 정도 발음할 수 있는 구간이 전체의 70퍼센트 이상이다.

자막을 가린 상태로 쉐도잉하려니 많이 힘드셨을 겁니다. 시간도 전보다 훨씬 많이 걸렸을 테고, 자막이 없으니 제대로 발음도 못하고 어리바리 넘어간 문장들이 생각보다 많았을 것입니다. 하지만 걱정하지 않아도 됩니다. 다시 한번 강조하지만 무자막의 중요성은 '암기'에 있지 않습니다. 자막이 가려진 상태에서 문장의 강세와 연음을 순간적으로 포착하고, 이를 순간적으로 따라 말하는 복창 능력을 끌어올리는 훈련입니다. 노랫소리를 듣고 따라 흥얼거린다는 느낌으로 반복하면 됩니다.

○○○○○
메타쉐도잉 레벨4: 다구간 순간암기

이번엔 옹알이의 범위를 좀더 넓혀볼까요? 이 과정에서는 'RS — RE'의 구간 설정 기능을 사용해야 합니다. 먼저 'RS'로 시작 부분을 정하고, 반복 구간의 마지막 문장에서 'RE'를 누르면 반복 구간이 설정되면서 버튼이 밝게 활성화됩니다. 활성화된 'RS — RE'를 한 번 더 누르면 구간 반복이 해제됩니다.

사실 자막도 다 가리고 쉐도잉하는 당신에게 이번 훈련은 그렇게 힘들지 않을 수도 있습니다. 다만, 반복 구간을 늘린 다구간에서는 문장의 흐름에 유의해야 합니다. 그래야 '아, 이런 문장 뒤에는 이런 말이 올 수밖에 없구나'라는 점을 자연스럽게 이해하게 됩니다.

1. 자막을 보면서 두 문장 이상을 듣고 따라 한다.

2. 멈추고, 자막을 보면서 들은 대로 따라 한 다음 눈을 감고 한 번 더 말한다.

3. 다시 눈을 뜨고 재생해서 음성과 자막을 확인한다.

기준점: 자막을 보고 순간적으로 암기해서 한 번에 말할 수 있는 문장의 수가 2개 이상이다.

○ ○ ○ ○ ○
메타쉐도잉 레벨5: 무자막 다구간 순간암기

이번에는 여세를 몰아서 자막 없이 옹알이의 구간을 늘려봅시다. 오늘이 고비가 될 것 같네요. 학습에 들어가기 전에 과연 자신이 얼마나 바뀌었는지 그동안의 학습일지를 되돌아보세요. 당신은 더 이상 과거의 당신이 아닙니다. 여기까지 오는 데 걸린 시간과 그 이전까지의 영어 공부 시간을 비교해볼 때 절대 쉽지 않은 길을 잘 따라오신 겁니다. 오늘만 넘긴다면 이전까지의 시간이 얼마나 됐든 전부 보상되리라 믿어 의심치 않습니다. 그럼 가보시죠.

1. 자막이 가려진 상태에서 두 문장 이상을 듣고 따라 말한다.

2. 멈추고, 한 번 더 말한다.

3. 다시 재생해서 음성을 확인한다.

기준점: 자막을 보지 않고 순간적으로 암기해서 한 번에 말할 수 있는 문장의 수가 2개 이상이다.

이번 훈련을 끝으로 공식적인 메타쉐도잉 훈련은 마무리됐습니다. 당신은 이제 지금까지 학습했던 것들에 대한 원어민의 소리를 정확히 들을 수 있고, 들은 것을 그대로 따라 할 수 있으며, 심지어 어떤 것은 저절로 암기된 것들도 있을 겁니다. 이제 다음 단계는 빛의 속도, 즉 C^2을 훈련하는 것입니다.

○ ○ ○ ○ ○

크레이지 스피킹 레벨1: 영한

→ 팝콘 리더 앱에서 '영한' 콘텐츠로 들어가기

본 게임이자 성인의 옹알이 후반부 과정에 오신 것을 환영합니다! 지금까지 우리는 원어민의 발음을 정확하게 알아듣고 이를 그대로 복창하는 훈련을 해왔습니다. 이제부터는 정확한 발음에 스피드를 붙이는 훈련에 돌입하겠습니다. 사실 지금부터가 진짜 흥미진진한 과정입니다.

이제 동영상을 끄고 팝콘 리더를 켜주세요. 맨 처음 문장을 가볍게 터치하면 문장이 단어 단위로 나타날 겁니다. 읽어도 좋지만 굳이 읽으려고 하지 않아도 입이 기억할 거예요. 보이는 대로 입으로 말하세요. 기본값이 레벨3의 속도입니다.

처음에는 기본값인 속도3으로 시작합니다. 영어와 함께 한글 해석이 번갈아 나타나는데 영어가 나올 때 입으로 따라 말하면 됩니다.

화면을 손으로 터치하면 멈추고, 한 번 더 터치하면 다시 시작합니다. 너무 빠르다면 멈췄다가 그곳에서부터 다시 시작할 수도 있습니다. 화면 하단의 ▼ S3 ▲ 버튼 또는 태블릿의 볼륨키를 이용해 속도를 조절할 수 있으니, 자신의 학습 상황에 따라 속도를 조절하면 됩니다.

오늘의 목표는 레벨5입니다. 지금까지 익힌 원어민의 발음을 그대로 구사하면서, 나타나는 문자를 따라 말하는 것이 핵심입니다. 여기에 스피드를 붙이면 최종적으로는 원어민 발화 속도의 2배에 달하는 고속음성을 발화하게 됩니다. 자신의 정확하고 빠른 목소리가 뇌에 울려 퍼지는 거죠! 이것은 다른 사람의 음성을 듣고 말하는 것이 아니므로, 성인의 옹알이 전반부를 뛰어넘는 어나더 레벨입니다. 빠르게 말하는 자신의 목소리에 뇌가 이미 편안함을 느끼는 경지에 도달한 것입니다.

1. 기본 속도(3)에서 눈으로는 나타나는 영어를 따라가면서, 입으로는 나타나는 영어에 맞춰서 따라 말한다.

2. 영어 문장을 다 말한 직후 나오는 한글 해석을 눈으로 따라가면서 확인한다.

3. 전체를 기본 속도(3)에서 시작해 최고 속도(6)까지 끌어올린다.

레벨을 높여가다가 고비가 찾아오는 순간이 있습니다. 그때 한 단계를 내리면 대번에 편해집니다. 빠를 때는 잘 모르다가 속도를 갑자기 낮추면 주변이 느리게 보이는 것, 이것이 바로 인터체인지 효과입니다. 그렇게 한참 하다가 또 한 단계를 높여봅니다. 그러면 지난번보다 조금 더 수월하다는 걸 알게 되죠.

이러기를 거듭하면서 이 시간을 마치겠습니다. 레벨3, 4를 거쳐 레벨5로 마친다면 성공입니다. 당신은 이미 토킹 스피드가 웬만한 원어민을 넘어선 상태입니다.

발음이 아직 익숙하지 않아서 중간중간 멈추고 발음하고 싶을 수도 있을 텐데, 발음이 뭉개지고 웅얼거리게 되는 문장이 있더라도 처음부터 끝까지 한 번에 가는 것을 권장합니다. 왜냐하면 이 학습의 최종 국면은 아무것도 보지 않고, 처음부터 끝까지 멈추지 않고 원어민보다 빠르게 전체를 복기하는 것이기 때문입니다. 중간에 멈춰버리면 어순 강박증이 끼어들면서 몰입을 해칠 수도 있습니다. 어순 강박증에는 문장을 있는 그대로 습득하는 것보다, 문장을 문법적으로 찢어 문법지식으로 공부하지 않으면 뭔가 헛헛하다는 악습관이 반영돼 있죠.

사실상 레벨6부터는 지금까지 당신이 해온 과정을 겪지 않은 일반인은 절대로 발음할 수 없습니다. 하지만 당신은 다릅니다. 목도 아프고 입 근육이 팽팽하게 긴장돼 발음도 잘 안 되고 이렇게 하는 게 맞는 건가 싶기도 하겠지만, 이미 당신의 머릿속에서는 문장들이 당신의 목소리와 원어민의 목소리로 함께 재생되고 있습니다. 그것도 평소 발화 속도의 2배 정도로요.

○ ○ ○ ○ ○

크레이지 스피킹 레벨2: 한영

→ 팝콘 리더 앱에서 '한영' 콘텐츠로 들어가기

한영 콘텐츠는 먼저 한국어가 나온다는 점에서 한 단계 어려워진 단계입니다. 한국어가 나타날 때 다음에 나올 영어 문장을 즉시 떠올려 말해야 하니까요. 곧이어 영어 문장이 나올 때 확인하므로, 일종의 동시통역 퀴즈라고 보면 됩니다.

스피드 레벨은 3부터 시작할 텐데, 너무 빠르다면 2로 내려도 됩니다. 하지만 걱정 마세요. 이미 다 알고 있는 자신을 믿으세요. 입이 저절로 말하는 경우도 분명 있을 것입니다. 최종 목표는 레벨5가

메타쉐도잉

지 한글만 보고 영어를 뱉어낼 수 있는 수준에 도달하는 것입니다.

1. 기본 속도(3)에서 눈으로는 나타나는 한글 해석을 따라가면서, 입으로는 그에 대응되는 영어 문장을 즉시 떠올려 나오는 대로 말한다.

2. 말한 직후 이어서 나오는 영어 문장을 보면서 어디서 막혔는지 확인하고 아까 하지 못한 영어를 한 번 더 말해도 좋다. 한글을 보고 영어 문장 전체가 떠오르지 않고 첫머리만 떠오르거나 군데군데 막혀도 스트레스 받을 것 없다. 그냥 이 과정을 지속적으로 여러 번 반복하라. 되는 것이 점점 더 많아지고 관성이 당신을 영어 습관의 세계로 이끌 것이다.

3. 전체를 기본 속도(3)에서 시작해 최고 속도(6)까지 끌어올린다.

○ ○ ○ ○ ○

크레이지 스피킹 레벨3: 한글

→ 팝콘 리더 앱에서 '한영' 콘텐츠로 들어가기

만일 레벨5가 크게 어렵지 않은 상태라면 우측 하단에 있는 정답 버튼을 눌러서 영어를 지워보세요. 좀전에 한영을 했던 그 관성과 기세로 진행해나가다 보면 어느새 영어 문장을 외워버린 당신을 발견하고 깜짝 놀랄지도 모릅니다. 그 상태로 레벨3~4를 오르내리다가, 가능해지면 레벨을 높여 4~5를 오르내리세요.

레벨5가 편안한 상태가 됐다면 레벨5와 레벨6을 번갈아 가면서 점점 더 깊게 들어가 봅시다. 만약 영어를 지운 상태에서 한글만 보고 레벨5를 무리 없이 따라갈 수 있는 상태에 도달했다면, 자리에서 태블릿을 들고 일어나 방 안을 서성서리며 입에서 나오는 대로 말해보세요. 두려움을 떨치고 자신을 믿으십시오. 멘토 없이 혼자 여기까지 왔다는 사실 자체가 실력이므로 스스로 자랑스러워할 만한 성과입니다.

단숨에 뱉어내겠다는 마음으로 시작하면 되고, 버벅거릴 때면 주저 없이 태블릿을 참고하세요. 참고하는 부분이 점차 줄어들고 끝내는 확인 작업 자체도 귀찮아질 겁니다. 머릿속에 그려지는 단계가 지나면 입이 저절로 말하는 단계가 찾아옵니다. 이 순간이 바로 아무 생각 없이 말하게 되는 크레이지 스피킹의 직전 단계입니다.

1. 기본 속도(3)에서 눈으로는 나타나는 한글 해석을 따라가면서, 입으로는 그에 대응되는 영어 문장을 따라 말한다.

2. 전체를 기본 속도(3)에서 시작해 최고 속도(6)까지 끌어올린다.

○○○○○
최종 단계: 빙빙 현상

영어 엔진이 장착되기 전 자신을 떠올려보세요. 시험 영어에 매달리느라 간단한 자기소개조차도 힘들었던 당신이 이제는 콘텐츠 하나만큼은 완전하게 씹어 먹을 수 있게 됐습니다. 그리고 어학 공부를 최단기간에 끝냄으로써 가장 확실한 언어의 엔진을 장착했습니다. 충분히 자랑스러워할 만한 일이죠.

무엇보다 당신은 지금까지의 여정을 30분 안에 오직 입만을 사용해서 복기하는 능력을 갖추게 됐습니다. 당신이 학습한 문장들이 머릿속에서 계속 맴돌고, 입에서도 영어가 자동으로 튀어나오는 걸 경험했다면 정말로 완벽하게 이 과정을 소화해낸 겁니다. 이를 일컬어 빙빙 현상이라고 하고 영어의 광속 엔진이 장착된 상태입니다.

여기까지 제 글을 읽고 따라와 주신 독자 여러분께 진심으로 감사하다는 말씀을 드리고 싶습니다. 정말 수고하셨습니다. 지금까지의 여정이 결코 쉽지 않았으리라는 것은 누구보다 제가 잘 압니다. 이제 이 무기를 가지고 어떻게 활용하고 실력을 증진시킬지는 당신의 몫으로 남겨두겠습니다. 부디 이 학습법과 당신이 학습한 문장들이 당신의 앞날에 조금이나마 도움이 되길 진심으로 바랍니다.

학습한 문장을
반드시 써먹을 수 있는
영어 광속 엔진 운영법

당신이 장착한 영어의 광속 엔진을 어떻게 활용할 수 있을까요? 어찌 보면 가장 중요한 질문이라고 할 수 있습니다. 지금 당신의 머릿속에는 지금까지 학습한 영어 문장들이 산개해 있을 것입니다. 이런 문장들을 제대로 활용하려면 자신을 다양한 상황으로 내몰아서 즉각적으로 활용하는 방법을 훈련해야 합니다. 그러려면 다양한 자극이 필요하겠죠.

당신이 광속 영어 엔진을 장착했다는 전제하에 그 엔진에 들어 있는 단어와 문장들을 다른 경로를 통해 접하게 되면, 그것이 연결고리가 되어서 머릿속에 있는 관련 단어와 문장들이 동시에 활성화되면서 강력한 각인 효과가 나타납니다. 즉 단어를 보거나 들으면 그 단어가 포함된 문장이 떠오르고, 문장을 보거나 들을 때도 비슷한 문장이 떠오르게 됩니다. 이런 식으로 서로를 보강하며 입력된 새로운 문장과 단어는 기존의 문장을 연결고리로 삼아서 더 잘 기억되고, 기존 문장의 기억력도 더욱 공고해집니다. 이렇게 보강하며 강화된 각각의 문장들이 실전에서 바로 써먹을 수 있는 표현들이 되죠.

처음부터 끝까지 한 번에 뱉어낼 수 있는 것부터 시작해서, 그 이후엔 당신이 여러 실전 상황을 거치면서 자신에게 당장 필요한 문장들부터 바로 실전에 사용할 수 있게 됩니다. 학습한 문장들을 활용하는 데에는 수많은 방법이 있겠지만 그중에서도 제가 미국 대학교에서 써먹었던 방법들을 간략히 소개하고자 합니다.

○ ○ ○ ○ ○

영어로 자기소개서 작성하기

제가 미국에 처음 갔을 때, 수능의 쓸모없음을 절감하는 한편 초등학교 때 공부한 영어 학습법을 확신할 수 있었던 결정적인 계기는 바로 작문 수업이었습니다. 주, 대학, 학부, 학과를 막론하고 미국에서 대학교에 다니는 학생이라면 반드시 거쳐야 하는 과목이 바로 영어 작문입니다. 영어 작문은 두 학기에 걸쳐서 진행되며, 문장의 유기성과 독창성을 가장 중요하게 여깁니다. 특히 출처를 밝히지 않은 타인의 문장들은 전부 감점 요소가 되며, 사안의 중요성에 따라 학교는 징계위원회를 소집해서 그 학생에 대한 징계 처분을 내릴 수도 있습니다. 물론 어느 정도는 자동 번역기의 도움을 받을 수도 있겠지만, 이를 남용한다면 문장의 유기성과 글의 통일성을 해치므로 역시 큰 감점 요소가 됩니다.

당신에게 미국의 대학 교육 시스템을 적극적으로 권장할 수는 없지만, 영어 자기소개서만큼은 꼭 권해드리고 싶습니다. 지금까지 살아온 당신의 인생을 종이 한 장에 한글로 담아내는 것도 힘든 일이라는 것, 너무나 잘 압니다. 하지만 글로 표현하지 않으면 당신이 힘들게 장착한 광속 영어 엔진의 결과를 생생하게 남길 수 없습니다. 글로 표현하면 당신이 알고 있는 것과 알고 있다고 착각한 것들이 명확하게 드러나게 됩니다. 자기소개가 아니어도 좋습니다. 자신이 가장 잘 안다고 생각하는 사물에 대해서 지금까지 배운 문장들을 활용해 자신의 말로 엮어낼 수 있으면 됩니다. 이 영어 작문의 목표는 어디까지나 배운 것을 복습하고 활용한다는 데 의의가 있습니다.

첫 번째, 우리의 모국어인 한국어로 처음부터 끝까지 하나의 완성된 이야기가 되도록 써봅니다.

두 번째, 한 문장씩 자동 번역기를 통해 문장을 번역합니다. 번역문을 보노라면 친숙하게 느껴지는 것도 있고 어색하다고 생각되는 것도 있을 것입니다. 내가 알고 있는 영어 표현과 다르다면 어색함을 느낄 것이고, 내가 알고 있는 영어 표현과 비슷하거나 똑같다면 친숙하게 느껴지겠지요. 특히 그 어색함을 좀더 고급스럽게 표현하면, '자신의 스키마(배경지식)에서 느껴지는 괴리감'이라고 할 수 있습니다. 당신의 스키마는 바로 당신이 학습한 영어 문장이 되겠지요. '어, 이런 표현은 처음 보는데?', '이 단어를 이렇게 쓰는 게 맞는 건가?', '내가 이렇게 말하려고 했나?' 등 다양한 어색함에 직면하게 될 겁니다. 그럴 때 사전을 찾아보고, 지금까지 학습했던 문장들을 죽 되뇌어보면서 나름의 문장을 완성해보세요.

광속 영어 엔진을 장착한 당신이라면 충분히 할 수 있습니다. 남들은 문법을 하나하나 따져가며 단어를 문법에 욱여넣을 때, 당신은 필요한 문장을 찾아서 활용하기만 하면 됩니다. 이미 개별 문장뿐만 아니라 전체 내용을 입으로 기억하고 있으니까요. 자신이 모르는 것을 정확하게 인지하고, 그것이 필요하다고 느낄 때 하는 공부가 진짜 자기주도 학습입니다. 또한 친숙한 문장이 나왔다면 그것 역시 더할 나위 없는 실력 증진의 기회입니다. 자신이 아는 것을 다시 보는 것만큼 기억력을 자극하는 것이 없죠. 그럼으로써 그 문장에 대한 기억이 강화되고, 실제 대화에서까지 바로 써먹을 수 있도록 뉴런이 긴밀하게 연결됩니다.

세 번째, 모든 문장을 자기만의 영어로 바꿨다면 이번에는 문장과 문장이 내가 의도한 대로 자연스럽게 연결되는지 검토해봅니다. 문장 간의 연결성을 확인하려면, 앞 문장과 뒤 문장의 시간대가 연결되어야 합니다. 앞의 문장은 현재형인데 뒤의 문장은 과거형이라면, 통일을 시키거나 시제가 바뀐 정황을 보충해주어야겠죠. 또한 앞 문장에서 미처 설명하지 못한 게 있다면 뒤 문장에서 받쳐줘야 합니다. 단어가 중복되거나 설명이 빈약하거나 논리가 비약되진 않았는지도 체크해야겠죠. 마지막으로, 전체 스크립트에서 철자가 틀린 것들을 찾아서 교정해주면 나만의 영어 자기소개서가 완성됩니다.

물론 글쓰기는 첨삭을 받으면 참 좋습니다. 그래야 남들도 당신이 말하고자 하는 바를 정확하게 이해할 수 있으니까요. 하지만 우리는 글쓰기를 전문적으로 학습하는 게 아니라 지금까지 학습한 문장들을 복기하고 이를 최대한 활용하는 것이 목적입니다. 만약 당신이 번역기를 돌려서 영작한 것보다 당신이 직접 만든 영어 문장들이 더 많다면 정말 훌륭하게 과제를 수행하신 겁니다. 그 문장들이 곧 당신의 실전 무기이며, 당신의 머릿속이 하얗게 변해도 그 문장들만큼은 끝까지 남아 당신을 지켜줄 겁니다.

일상에서 접하는 상황을 영어로 말하기

말하기에 적용하는 간단한 운영법을 이야기해보겠습니다. 활동하는 동안 우리 뇌는 매시간, 매 순간 무언가를 떠올립니다. 그것이 감정, 생각, 이미지 등으로 나타나죠. 우리의 감각은 언제나 열려 있어서 그에 대해 반응하기 때문입니다. 눈으로 보이는 것들, 귀로 들리는 것들, 코로 맡을 수 있는 것들, 피부로 느낄 수 있는 것들, 입으로 맛을 느끼는 것들에 대해서 판단을 내리는 기관이 뇌입니다.

그중에서 말로 표현할 수 있는 것들을 영어로 빨리 말하는 것이 목표입니다. 처음엔 단어를 떠올리기도 힘들 것입니다. 하지만 그 단어를 떠올리는 순간 광속 영어 엔진이 작동합니다. 자신이 학습한 문장도 동시에 떠오르게 되죠. 그리고 그 문장을 상황에 맞게 요리조리 재조립하는 과정도 곧바로 활성화되고, 그 문장을 말로 표현하면 하나의 문장이 완성됩니다. 이런 상황을 자주 겪을수록 영어가 점점 모국어에 맞춰서 좀더 자연스럽고 상황에 적절한 표현에 근접하게 됩니다.

○ ○ ○ ○ ○

추천 콘텐츠: 「TED」, 유튜브, 영화, 사이트

이제는 굳이 외국을 가지 않아도 영어로 된 볼거리, 들을 거리가 엄청나게 많습니다. 그중에서 제가 참고하는, 언제라도 써먹을 수 있는 표현을 알려주는 영상 자료를 소개합니다.

▶ 세바스찬 승: 나는 나의 커넥톰이다

I am my connectome, www.ted.com, 2010년 7월
https://www.youtube.com/watch?v=HA7GwKXfJB0

한국계 미국인인 승현준 교수님은 인지신경과학계에선 저명한

연구자입니다. '우리 인간은 우리의 유전자가 정해놓은 운명을 넘어서 스스로 발전하는 커넥톰 그 자체'라는 유명한 말을 남기신 분으로, 최초로 인간의 뇌 신경망 지도를 그려낸 '커넥톰'을 발표했습니다. 인간의 무한한 가능성을 뇌과학적으로 접근해서 처음으로 대중에 선보인 이 강의는 비록 10년도 더 된 영상이지만 여전히 흥미로운 과제로 남아 있습니다.

▶ 주디 톰슨: 영어 말하기에서 반드시 알아야 할 세 가지 비밀

 Three Secrets You Need to Know About Spoken English, www.ted.com, 2010년 10월
https://www.youtube.com/watch?v=NcX2AwH3cG8

주디 톰슨 교수님은 캐나다에서 외국인을 대상으로 평생 영어

를 가르쳐온 분입니다. 특히 외국인들이 영어를 배울 때 무엇 때문에 힘들어하는지를 짧은 강의를 통해 정확하게 지적해주셨습니다.

▶ 쿠르츠게작트

Quality › Quantity

Kurzgesagt – In a Nutshell ⊘
구독자 1500만명

홈   동영상   재생목록   커뮤니티   채널   정보   🔍   구독중 🔔

https://www.youtube.com/channel/UCsXVk37bltHxD1rDPwtNM8Q

'쿠르츠게작트'는 독일어로 '간단히 말해서'라는 뜻입니다. 현재 과학 이슈들을 재밌는 영어 애니메이션으로 간결하게 설명해주는 일종의 다큐멘터리 채널입니다. 10분 내외의 한 영상이 정말 고퀄리티의 '강의'로 되어 있어서 청취하는 시간이 전혀 아깝지 않은 동영상 채널입니다.

 구슬쌤

 https://www.youtube.com/channel/UC7k5xDVLrRNQMrdlNHx8IQQ

　　미국의 회사 경험을 바탕으로 쌓은 비즈니스/생활 영어의 표본을 보여줍니다. 상황별로 적용할 수 있는 실전 표현들을 소개해주고, 그 표현들이 미국 문화에선 어떻게 녹아 있고 어떻게 발음하는지 알려주는 채널입니다. 실제로 제가 미국에서 들어본 표현들을 반복적으로 알려주더군요. 발음도 매우 훌륭해서 참고하기에 더할 나위 없는 영상입니다.

라이브 아카데미

https://www.youtube.com/channel/UCGDA1e6qQSAH0R9hoip9VrA

발음은 물론 손동작 하나하나까지 '정말 한국 사람이 맞나?' 싶을 정도로 전형적인 아시아계 미국인 3세처럼 보이지만, 구사하는 한국어의 어휘를 들어보면 대치동 1타 강사의 느낌이 물씬 풍깁니다. 특히 한국인들이 일상적으로 쓰는 관용어를 영어로 어떻게 표현하는지를 비롯해 실제 문법 용어들의 쓰임새를 실용적인 회화문을 통해 알려줍니다. 또한 대화를 이어나가는 스킬과 꿀팁도 많아서 저도 많은 것을 배우고 있습니다.

메타쉐도잉

▶ 조던 피터슨

https://www.youtube.com/user/JordanPetersonVideos

임상심리학자이자 캐나다 토론토대학교의 심리학과 교수인 조던 교수님은 이 시대 전 세계 젊은 청년들에게 진실한 울림을 선사하는 멘토로 부상했습니다. 그가 주는 메시지는 거를 게 아무것도 없을 정도지만, 제가 추천하는 이유는 무엇보다도 그의 발음과 표현입니다. 이 교수님의 발음은 유튜브의 자동 번역기가 거의 그대로 탐지할 정도로 정확합니다. 이분이 구사하는 표현을 통해 언어의 품격을 제대로 느껴볼 수 있습니다.

▶ 런던쌤

https://www.youtube.com/channel/UCPR9uggZu956g8_SlcTyyJA

　런던쌤은 사실 영국 사람이 아닙니다. 체코인인 그녀는 영어 통역사이자 속기사로 한국 구독자들에게 귀감이 되고 있습니다. 5개 국어를 구사할 수 있다고 하는데, 처음부터 영어를 잘하는 영재였다기보다는 오히려 성인이 되어서 모국어 습득 방식을 적용해 단기간에 영어를 습득한 모범 사례에 속합니다. 특히 그녀의 동영상 중 '영어 귀 뚫기, 계속 반복해서 영어 듣기, 그런다고 영어 안 뚫려요. 듣기 학습법이 필요한 이유를 알려드릴게요'라는 영상에서는 원어민의 발음이 안 들리는 이유를 아주 쉽게 설명하고 있으며, 이는 제가 앞서 말씀드린 '영어에서 반드시 뛰어넘어야 할 세 가지 장벽'과도 궤를 같이합니다. 이 밖에도 양질의 다양한 영어 학습 콘텐츠를 소개해줍니다.

▶ 영화 「인턴」

    2015년에 개봉한 「인턴」은 앤 해서웨이, 로버트 드 니로 주연의 일상 가족 영화입니다. 직원 250명을 둔 여성 의류 쇼핑몰 창업자이자 대표인 30대 초반의 줄스 오스틴이 은퇴한 70세의 시니어 인턴 벤 휘태커를 고용하면서 벌어지는 일련의 사건들을 발랄하면서 잔잔하게 풀어냈습니다. 제가 추천하는 이유는 이들의 환상적인 연기 호흡보다는 무엇보다 발음이 훌륭했고, 실제로 있을 법한 상황을 연습하기 적당한 영화이기 때문입니다. 자기소개 영상 찍기, 인턴 면접, 상사의 업무 지시, 회사 동료들과의 잡담, 회의 등 누구나 겪을 수 있는 상황이 짜임새 있게 구성되어 있습니다.

▶ 무료 인터넷 강의 사이트: 칸 아카데미

https://www.khanacademy.org/

칸 아카데미의 창업자이자 대표 강사인 살만 칸은 MIT 재학 중 인도에 있는 사촌 동생을 위해 수학 강의를 유튜브에 올렸습니다. 쉽고 명료한 그의 짧은 동영상은 순식간에 퍼졌고, 이것이 계기가 되어 전 세계인이 이용하는 독보적인 무료 인터넷 강의 사이트가 되었습니다. 기부금에 의존해 운영되는 사이트이지만 그 수준은 어떤 강의 사이트와도 견줄 수 없을 정도로 훌륭한 퀄리티를 자랑합니다. 미국 초·중·고 수학 교과과정뿐만 아니라 일반물리학, 화학, 생물학, 거시·미시경제학, 미국 역사, 정치학, 세계사 등 대학생도 들을 수 있는 필수 교양 강의까지 폭넓게 분포되어 있습니다. 저 또한 일반물리학에서 개념적으로 어려웠던 부분을 이 사이트의 도움을 받아 비교적 쉽게 헤쳐나갈 수 있었습니다.

▶ 유료 인터넷 강의 사이트: coursera, edX

https://www.coursera.org/

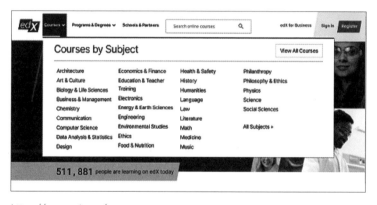

https://www.edx.org/

글로벌 기업이 요구하는 전문 기술을 당사자에게 원격으로 배울 수 있는 곳입니다. 널리 알려진 글로벌 기업(구글, 애플, IBM 등)의 실무진뿐만 아니라 전 세계 명문 대학(하버드, MIT 등)의 교수님들이 직접 가르치는 수준 높은 강의가 즐비합니다. 하나의 과정을 수료하면 공식 인증을 받을 수 있고, 자신의 실력을 전 세계적으로 증명할 수 있습니다. 물론 사이버 대학도 있어서 자신이 원하는 대학교의 원하는 전공이 있다면 해당 학교의 학위도 취득할 수 있습니다.

오직 절망을 맛본 자만이
진정한 성공의 기쁨을
누릴 자격이 있다

"나는 맨 마지막에 열린다."
- 「해리포터와 죽음의 성물 2부」 중에서

　주인공 해리포터는 절대 악 볼드모트의 마지막 요구를 들어주기 위해, 모든 희망을 내려놓은 채 금지된 숲으로 홀로 조용히 걸어 들어갑니다. 바로 자신의 죽음을 향해서 말이죠. 물론 볼드모트와의 전쟁에서 소중한 사람들을 더는 잃을 수 없다는 의연한 마음도 있었을 것입니다. 그런데 그의 마음을 더욱더 단단하게 만든 것은 스네이프 교수의 마지막 유언과도 같았던 팬시브의 기억 영상이었습니다. 거기서 해리포터는 자신의 운명과 모든 의혹을 풀어줄 진실을 마주했죠. 그러면서 자신이 맨 처음 출전했던 퀴디치 시합에서 획득한 전리품이자 가장 믿고 따랐던 덤블도어 교수의 유품이기도 한 스니치의 글귀가 무엇을 의미하는지 이제야 알게 됩니다.

"I open at the close."
(나는 맨 마지막에 열린다.)

이 말은 모든 희망이 사라진 절망의 순간이 오면 스니치가 스스로 열릴 거라는 뜻이었죠. 그렇게 모든 희망을 버리고 마지막으로 죽음을 각오한 해리포터 앞에 마침내 스니치가 열려 속을 드러냅니다. 그 안에는 뜻밖에도 마법 세계에서 절대권력의 상징 중 하나인 마법사의 돌, 즉 리저랙션 스톤이 있었습니다. 이 돌은 자신의 죽음을 각오할 만큼의 용기가 있는 자에게 제공되는 한 번의 기회를 의미합니다. 마침내 주인공 해리포터는 그 부활의 돌이 허락해 준 마지막 기회를 이용해서 절대 악 볼드모트를 물리칩니다.

이 책의 독자들 중에 많은 분이 인생에서 이와 비슷한 경험을 했거나 하게 될 것입니다. 저 역시 그랬고, 절박한 상황에서 초등학교 때 배운 책 한 권으로 미국 유학 생활의 작은 위안을 얻었죠. 그 상황에서 나도 모르게 떠오른 것이 스니치에 새겨진 글귀와 그 안에 들어 있던 부활의 돌이었습니다. 이 책은 어쩌면 저의 고난의 기록이자 이를 극복한 부활의 기록일지도 모릅니다.

영어 학습법에 관한 한 이 책이 절망에 빠졌던 당신을 구할 수 있을지도 모릅니다. 이 책을 읽기 전에 깊은 절망을 느꼈던 분들일수록 부활의 속도가 더 빠를 것입니다. 영어를 배우고 싶다는 마음이 절실해 메타쉐도잉에 더욱 애착을 가질 테니까요.

제가 궁극적으로 바라는 것은 이 책이 모든 독자에게 부활의 돌이 됐으면 하는 것입니다. 우리나라에는 기형적인 입시 영어에 휘둘리고, 성인이 되어서도 인터넷 강의를 결제해놓고도 끝까지 마무리하지 못하고 또 다른 강의 사이트를 찾아다니며, 영어 공부법과 관련된 책을 뒤적거리지만 제대로 실천을 하지 못해 영어라는 높은 장벽 앞에서 좌절하는 사람이 많습니다. 그분들에게 이 책이 최종 종착지가 되기를 진심으로 기원합니다.

아울러 언어를 잘하고 못하고의 차이는 선천적 재능이 아닌 학습법에 있다는 것을 꼭 알려드리고 싶습니다. 대다수의 사람에게 영어는 탐구와 연구의 대상이 아닌 전 세계인이 이미 약속한 훌륭한 의사소통 수단(무기)에 불과합니다. 각자의 분야에서 영어라는 무기를 탑재할 때 훨씬 더 좋은 기회를 잡을 수 있다는 것은 이제

상식으로 여겨집니다. 이 책을 읽어주신 당신이 그 기회를 쟁취하셨으면 좋겠습니다.

우여곡절 끝에 책이 마무리됐습니다. 저는 또 다른 도전을 준비하고 있습니다. 우리 서로 응원하면서 한 걸음씩 나아갔으면 좋겠습니다.

2021년 6월

박세호

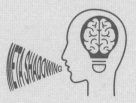

부록

메타쉐도잉
베타테스트 보고서

METASHADOWING

1차 테스트

1. 진행 방식

- 기간: 2020년 4월 2일(목)~4월 5일(일)
- 인원: 총 5명(성인)
- 테스트 시간: 총 32시간(하루 8시간 학습, 예습·복습 없이 진행)
- 평가 자료: 애니메이션 「Auto-B-Good」(BBC, 2000) 내용 중 일부
- 메타쉐도잉 순서
  (1) 동영상 초청 학습(쉐도잉 학습): 자막 없이 보고 대사 따라 하기(3회), 자막 보고 대사 따라 하기(3회)
  (2) MP3 화면 학습: 자막 보며 듣고 멈추며 따라 하기(3회), 긴 문장을 화면 단위로 말하기(3회)
  (3) 직독 직해 학습: 영어 + 한글 말하기, 한글 + 영어 말하기(속도 점진적 증가 L1~L6)

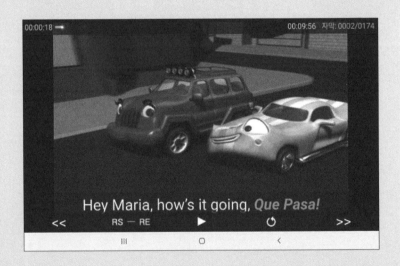

2. 평가표

이*경(40대, 주부)						
평가영역	1	2	3	4	5	평가
발음		v				
억양		v				• 그림 묘사 테스트임.
말하기 속도				v		• 주어–동사–전치사구 순 문장임. 형용사 형태 문장에 약함. • 묘사 좋음. 직관적 설명(숫자) 가능.
자신감			v			• 주어–동사, 수의 일치에 약함. 예: many people likes, first people(단수/복수 구분)
단어		v				

메타쉐도잉 후

평가영역	1	2	3	4	5	평가
발음		v				
억양				v		
말하기 속도				v		• 캐릭터가 말하듯 억양과 말투를 비슷하게 읽음.
자신감				v		• 쉬어야 하는 포인트와 강세를 주는 포인트를 인지함.
단어				v		

설*영(40대, 직장인)

평가영역	1	2	3	4	5	평가
발음			v			• 사진 묘사 테스트임. • Childrens are playing each other. (동명사, 전치사 ×) • Famous singer BTS dancing the stage. crowd. ('l' 발음 부정확) • excited 단어를 기억해내지 못함. • There are 6 people 6 mens. very famous & funny. • 토익 스피킹, 오픽, IELTS(아이엘츠) 등 영어 시험 경험 없음.
억양		v				
말하기 속도			v			
자신감			v			
단어			v			

메타쉐도잉 후

평가영역	1	2	3	4	5	평가
발음					v	• 학습 내용 중 습득한 어휘는 활용함. 하지만 단순히 사진을 묘사하면서 문장을 구사할 때는 어휘력이 부족함. • 발음이 매우 자연스러움. 읽는 데 어려움은 없으나 강세나 억양은 아쉬움 (전반적인 발음의 향상에 비해).
억양				v		
말하기 속도					v	
자신감				v		
단어				v		

우*희(30대, 직장인)

평가영역	1	2	3	4	5	평가
발음	v					• 사진 묘사 테스트임.
억양	v					• Many children in forest playing with tree.
말하기 속도		v				• Famous boy group first billboard Infinite challenge. The end program 6 men. They happen gag human so funny.
자신감			v			• 문장 구조(공식)를 인지하면 유창성이 높아질 것으로 기대됨. 어휘력에 비해 문장 구조가 불완전함.
단어			v			

메타쉐도잉 후

평가영역	1	2	3	4	5	평가
발음			v			• 부드러운 흐름으로 읽지만 톤(업&다운)이나 강세까지 인지한 상태는 아님.
억양			v			
말하기 속도				v		• 문장의 구조나 내용을 몰라서일 수도 있음.
자신감				v		• 속도와 자신감은 매우 향상되었음.
단어			v			

임*은(20대, 직장인)

평가영역	1	2	3	4	5	평가
발음			v			• 사진 묘사 테스트임.
억양			v			• There are some kids. They playing smt. • Name for men.
말하기 속도			v			• Now is end best program. Take on glasses.
자신감			v			• 본인의 의사표현은 적절한 수준이나 영어 이해도가 낮음.
단어		v				• 표현이 채워지면 구사 능력이 향상될 것으로 기대됨.

메타쉐도잉 후

평가영역	1	2	3	4	5	평가
발음				v		
억양				v		• 학습 내용 중 어휘 습득 비중이 큼.
말하기 속도				v		• 까다로운 축약어나 고급 어휘 등을 어려움 없이 읽지만 억양, 강세는 향상시킬 필요가 있음.
자신감				v		
단어				v		

3. 총평

- 단기간에 자신이 영어를 이렇게 말할 수 있다는 자신감을 얻기에 최상의 학습법
- 반복 학습의 효과는 200% 이상이었음.
- 연음으로 이루어진 영어를 이렇게 학습한다면 어떠한 영어도 다 들을 수 있다는 자신감을 얻게 됨.
- 실제 원어민의 억양과 발음을 학습할 수 있어서 좋았음.
- 몰입이 잘됨.

2차 테스트

1. 진행 방식

- 기간: 2020년 10월
- 인원: 총 25명(성인 5명, 초등학생 20명)
- 테스트 시간: 총 14시간(1주일에 1일 2시간씩)
- 평가 자료: 애니메이션 「Auto-B-Good」(BBC, 2000) 내용 중 일부

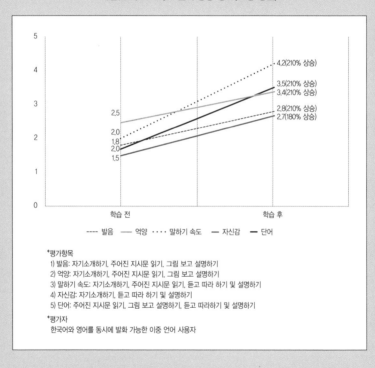

파일럿 테스트 B/A 실력 상승 정도(25명 평균)

*평가항목
 1) 발음: 자기소개하기, 주어진 지시문 읽기, 그림 보고 설명하기
 2) 억양: 자기소개하기, 주어진 지시문 읽기, 그림 보고 설명하기
 3) 말하기 속도: 자기소개하기, 주어진 지시문 읽기, 듣고 따라 하기 및 설명하기
 4) 자신감: 자기소개하기, 듣고 따라 하기 및 설명하기
 5) 단어: 주어진 지시문 읽기, 그림 보고 설명하기, 듣고 따라하기 및 설명하기
*평가자
 한국어와 영어를 동시에 발화 가능한 이중 언어 사용자

메타쉐도잉

2. 학습 과정

속도를 다양하게 하여 통암기 학습 가능 → 빠른 기간에 학습 내용 각인 및 암기 가능

학습 단계	학습 설명	학습 내용
1. 자막 보며 내용 숙지	나오는 애니메이션을 보면서 내용을 파악하게 함	전반적인 스토리 이해
2. 애니메이션 내용 영어(뜻 포함) 보면서 읽기(L1~L6)	*덜컥이 의미 단위의 문장(영어-한글)이 차례대로 뜨는 것을 따라 말하기 L6가 제일 빠른 속도: 차례대로 뜨는 속도를 조절하며 진행	문장의 내용과 단어의 뜻 숙지, 속도 증진에 따른 무의식적 암기 진행
3. 기존 애니메이션 겹쳐 말하기(자막 있음)	한 번 암기한 내용을 자막 보며 원어민 발음과 비교 쉐도잉 학습 진행	암기 내용 숙지 및 원어민 발음 따라 하기
4. 한글 자막 보며 영어로 말하기(L1~L6)	*덜컥이 학습 2단계에서 암기가 되었다면 한글을 보며 영어로 말하게 함 (본격적인 속도 증진에 따른 암기 학습)	한글 자막 보며 영어 발화 가능 여부
5. 애니메이션 무자막 발화	애니메이션에 무자막 형태로 원어민과 동일한 속도로 말하기 학습 진행	원어민 발음대로 동시 발화 가능 여부
6. 애니메이션 없이 혼자 말하기(통암기)	도구 없이 학습했던 내용 발표 (10분짜리 스크립트 통암기)	10분짜리 내용의 전체 발화 가능 여부

3. 기존 쉐도잉 학습법과의 차별점

- 일반적인 쉐도잉 학습 대비 절대적인 발화량 시간이 많음. 뒷부분의 내용은 무의식적으로 암기가 가능한 학습
- 듣기부터 시작하는 톱다운(Top-down) 식의 모국어 학습 원리와 동일한 학습 체계

1〉 일반적인 쉐도잉 학습[빌드업(Build-up) 방식/한국식 영어]

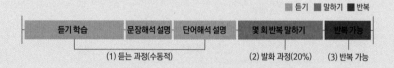

- 듣기 ▪ 말하기 ▪ 반복

| 듣기 학습 | 문장해석 설명 | 단어해석 설명 | 몇 회 반복 말하기 | 반복 가능 |

(1) 듣는 과정(수동적)　　　(2) 발화 과정(20%)　(3) 반복 가능

- (1) 듣는 과정(수동적): 일반적으로 단어의 의미와 문장구조를 학습하고 발화하는 빌드업 과정
- (2) 발화 과정: 앞의 내용을 모두 이해한 뒤 따라 하는 쉐도잉 학습, 대부분 학습 중에 20%가 말하는 시간(Listening-Vocabulary-Reading-Speaking)
- (3) 반복 가능: 반복 학습을 하기 위해선 학습자가 수동으로 조작하거나 모두 들어야 움직이는 형태

2〉 메타쉐도잉 학습[톱다운(Top-down) 방식/모국어 원리]

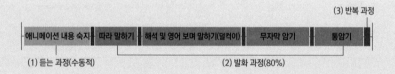

(3) 반복 과정

| 애니메이션 내용 숙지 | 따라 말하기 | 해석 및 영어 보며 말하기(덜컥이) | 무자막 암기 | 통암기 |

(1) 듣는 과정(수동적)　　　　　　　　(2) 발화 과정(80%)

- (1) 듣는 과정(수동적): 전반적인 스토리의 이해를 위한 듣는 과정, 리스닝 시작
- (2) 발화 과정: 듣고 문장을 이해하는 것이 아니라 바로 원어민의 발음을 흉내 내면서, 덜컥이를 통해 뒷단의 내용 이해(Listening-Speaking-Reading-Vocabulary)
- (3) 반복 과정: 배운 내용으로 바로 넘어갈 수 있는 인터페이스 구조로 반복 진행 수월

4. 진행 결과

- 평가항목(발음 정확성, 억양 정확성, 말하기 속도의 증가율, 자신감 상승률, 단어 암기력) 기준으로 173% 이상 효과 상승
- 베타테스트 종료 후에도 최소 2주간 기억력 유지
- 말하기 속도와 단어 실력 향상률 200% 이상 대폭 상승
- 단어 학습 예습·복습 없이 205%의 높은 향상폭 유지
- 발음 및 억양 136%로 향상
- 최대 향상폭(180%), 최소 향상폭(130%)
- 총 241문장을 암기하는 데 걸린 시간 14시간(미국 초등학생 5학년 수준)
- 기억력 유지에 따른 자연스러운 영어 말하기 능력 증가
- 배운 내용이 들리고 말할 수 있게 유지되어 자신감 증가

[자료 출처: 교육 전문기업 K사]

주석

1) 이차숙 저, 『유아 언어 교육의 이론과 실제』, 학지사, 2005.

2) Gordon, A. M., & Williams-Browne, K. (2000). Beginnings and Beyond. Delma: Thomson Learning.

3) Chomsky, N. (1955). Aspects of the theory of syntax. Cambridge: MIT Press.

4) 유튜브에서 'How to speak English? (shadowing technique explained)'를 검색하면 더 자세하고 정확한 설명을 볼 수 있습니다. https://www.youtube.com/watch?v=AnNf_z4LQ7A

5) 시노하라 요시토시 저, 고선윤 역, 『청각뇌』, 중앙생활사, 2006.

6) 고도흥 저, 『언어기관의 해부와 생리』, 학지사, 2019.

7) 스타니슬라스 드앤 저, 이광오·배성봉·이용주 역, 『글 읽는 뇌』, 학지사, 2017.

8) 제리 올트먼 저, 홍우평·최명원 역, 『말하는 뇌』, 역락, 2005.

9) 제리 올트먼 저, 홍우평·최명원 역, 『말하는 뇌』, 역락, 2005.

10) Cowan, N. (2001) The Magical number 4 in short-term memory: A reconsideration of mental storage capacity. Behavioral and Brain Sciences, 24, 87-185; D'Esposito, M. (2007). From cognitive to neural models of working memory. Philosophical Transactions of the Royal Society B-Biological Sciences, 362(1481), 761-772.

11) Wagner, A. D., Schacter, D. L., Rotte, M., Koustaal, W., Maril, A., Dale, A. M., Rosen, B. R., & Buckner, R. I. (1998). Building memories: Remembering and forgetting of verbal experiences as predicted by brain activity. Science, 281, 1188-1191.

12) 김현수 박사(전주교대 명예교수), 「뇌에서 정신으로, 다시 속청으로 뇌개발에 관한 연구」, 2005.

13) 자기 목소리를 듣는 자청법(自聽法)의 효과에 대해서는 3장의 '메타쉐도잉의 핵심 연결고리1: 듣는 뇌'를 참조하세요. 청각은 포커싱할 대상을 미리 정해두고 나머지는 거르는 경향이 있는데요. 이때 항상 프리패스인 것이 바로 자신의 목소리입니다.

참고자료

● 트럼프 미국 대통령 대한민국 국회 연설문 스크립트 전문
https://trumpwhitehouse.archives.gov/briefings-statements/remarks-president-
trump-national-assembly-republic-korea-seoul-republic-korea/

● 박태환 (전)고려영화사 대표 《주간동아》 인터뷰
https://weekly.donga.com/List/3/all/11/96091/1

속독은 기본, 속청, 속화를 한 번에,
진짜 영어 뇌혁명이 시작된다!

메타쉐도잉

초판 1쇄 인쇄 2021년 5월 31일
초판 1쇄 발행 2021년 6월 4일

지은이 박세호
펴낸이 김선식

경영총괄 김은영
책임편집 박현미 **디자인** 마가림 **책임마케터** 오서영
콘텐츠개발5팀장 박현미 **콘텐츠개발5팀** 차혜린, 마가림, 김민정, 이영진
마케팅본부장 이주화 **마케팅1팀** 최혜령, 오서영, 박지수
미디어홍보본부장 정명찬
홍보팀 안지혜, 김재선, 이소영, 김은지, 박재연, 오수미
뉴미디어팀 김선욱, 허지호, 염아라, 김혜원, 이수인, 임유나, 배한진, 석찬미
저작권팀 한승빈, 김재원
경영관리본부 허대우, 하미선, 박상민, 윤이경, 권송이, 김재경, 최완규, 이우철
크로스교정 이영진
외부스태프 공순례 본문·교정·교열 얼앤똘비악 본문 조판 표 노경녀 그래프·앱 이미지 ㈜타임온미스튜디오 저자 프로필 촬영

펴낸곳 다산북스 **출판등록** 2005년 12월 23일 제313-2005-00277호
주소 경기도 파주시 회동길 490
전화 02-704-1724 **팩스** 02-703-2219 **이메일** dasanbooks@dasanbooks.com
홈페이지 www.dasanbooks.group **블로그** blog.naver.com/dasan_books
용지 IPP **인쇄·제본** 갑우문화사 **후가공** 제이오엘앤피

ISBN 979-11-306-3755-6(03320)

다산북스(DASANBOOKS)는 독자 여러분의 책에 관한 아이디어와 원고 투고를 기쁜 마음으로 기다리고 있습니다.
책 출간을 원하는 아이디어가 있으신 분은 다산북스 홈페이지 '투고원고'란으로 간단한 개요와 취지, 연락처 등을
보내주세요. 머뭇거리지 말고 문을 두드리세요.